Das große Familienbuch für die Weihnachtszeit

Tanja Jeschke
Marlies Busch

Das große Familienbuch für die Weihnachtszeit

Mit Bildern von
Barbara Korthues

gabriel

Für Jessica

INHALTSVERZEICHNIS

Es weihnachtet

Wenn die Adventszeit näher rückt, werden alle geschäftig. Die Mütter und Väter gehen in den Keller und schleppen den Karton mit den Strohsternen, den Räuchermännchen, den Engeln für die Fenster und dem Glitzerspray nach oben. Die Lichterketten werden um den Wacholderbusch im Vorgarten geschlungen, Adventskränze gekauft oder selbst gebunden, Kerzen werden aufgestellt und Plätzchen gebacken. Die Kinder helfen mit oder schauen zu, auf jeden Fall geraten auch sie in diese Stimmung, die jede Fußgängerzone überschwappt und jedes Kaufhaus überstrahlt. In Deutschland wird es kaum ein Kind geben, das nicht vierundzwanzig Mal ein Türchen am Adventskalender oder gar ein baumelndes Geschenk aufmachen darf.

All das scheint automatisch zu funktionieren. So wie die Advents- und Weihnachtstage ganz selbstverständlich wieder auftauchen aus dem Herbstnebel, so auch die allgemeine Feierlichkeit, die routinierte Festlaune, die altbekannten Rituale der vier Kerzen, des Nikolausstiefels und der Weihnachtsfeiern in Schulen, Kindergärten, Firmen und Familien. Irgendwie verbindet das, irgendwie schmeckt es jedem und will jeder dabei sein – es ist ja auch schön!

Aber was steckt eigentlich dahinter? Was feiern wir überhaupt und warum? Woher kommen Christbaum und Adventskranz und wer hat den Adventskalender erfunden? Kennt einer noch den ursprünglichen Nikolaus? Weiß jemand, wie der Engel zu Maria kam und was er gesagt hat? Wer waren die Heiligen Drei Könige? Und was hat das alles mit der Bibel zu tun?

Denn ganz am Anfang steht sie, die Bibel, die von Gottes Geschichte mit den Menschen dieser Welt erzählt. Dort ist alles aufgeschrieben, was wir wissen können von Jesus, der an Weihnachten im Stall geboren wurde. Und damit hat Advent zu tun. Das ist das Anliegen dieser besonderen Zeit: uns hinzuführen zum Licht von Weihnachten, zum Kind in der Krippe.

Das Anliegen dieses Hausbuches ist es wiederum, da zur Hand zu sein, wo Eltern und Kinder hinter den festlichen Vorhang gucken wollen. Wo die Fragen auftauchen nach dem Sinn dieser Zeit und ihren Ritualen, nach den biblischen Geschichten. Diese werden in diesem Buch ganz neu erzählt.

Es soll bereitliegen im Wohnzimmer oder in der Küche, damit schnell nachgelesen und am besten vorgelesen werden kann, was es auf sich hat mit den Barbarazweigen oder den Sternsingern. Aber nicht nur zu Hause in der Familie oder bei den Großeltern hat es seinen Sinn, auch in der Schule und im Kindergarten kann es Verwendung finden.

Nicht zuletzt auch als Vorlesebuch. Denn ganz wichtig sind hier die Geschichten der Familie Stubenbauer, die dem Leser im ganzen Buch immer wieder begegnen wird. Lina Stubenbauer, die neunjährige Erzählerin, kundschaftet die Advents- und Weihnachtszeit auf eigenwillige Weise aus und lässt alle daran teilhaben, was ihr und ihrer Familie dabei widerfährt. Routiniert geht es da keineswegs zu, nichts funktioniert einfach – und vielleicht entdeckt der Leser gerade dadurch wieder neu, was Advent und Weihnachten bedeuten.

1. ADVENT

Was Maria zu erzählen hat

Wartet, seid ganz still! Ich schau nur noch einmal aus dem Fenster, ob er wirklich weg ist. Oder ob er vielleicht zu meiner Nachbarin Hanna hinübergehuscht ist, um ihr auch so eine unglaubliche Nachricht wie mir zu überbringen. Aber nein, er hat ja gesagt, dass Gott mich auserwählt hat. Dann wird er nicht Hanna dasselbe sagen wie mir. Und da draußen ist er auch nicht zu sehen. Die Sonne geht gerade über Nazaret unter und färbt die Aprikosenbäume und die Häuser der Melonengasse rosa und orange. Viele Menschen sind noch unterwegs, ich höre sie auf dem Basar rufen, die Kinder spielen noch auf den Plätzen. Aber er ist fort. Wer? fragt ihr mich. Natürlich, ihr seid ja ganz neugierig. Aber ich muss mich erst einmal setzen. Denn auch wenn ich noch jung bin, so bin ich doch ganz erschöpft von dem, was heute passiert ist. Heute, hier in meiner Küche.

So, jetzt sitze ich auf meinem Fußschemel wie vorhin auch. Ich saß dort und schälte Zwiebeln, denn nachher kommt Josef zu mir. Josef ist mein Verlobter, wir werden bald heiraten, und er liebt nicht nur mich, er liebt auch Zwiebelsuppe. Ich möchte ihn nachher mit einer herrlichen Zwiebelsuppe überraschen. Also habe ich angefangen, die Zwiebeln zu schälen, da liegen noch die Schalen herum, überall auf dem Fußboden verstreut wie trockene braune Herbstblätter.

Ich saß da und schälte still vor mich hin, durch das offene Fenster war das Gurren der Tauben zu hören, das ferne Marktgetümmel, ein lauter Karren wurde rasch und rappelnd die Gasse heruntergezogen. Auf einmal raschelten die Zwiebelschalen und wirbelten herum in einem kräftigen Windstoß. Ich schaute auf und wollte gerade aufstehen, um das Fenster zu schließen, da sah ich groß und weiß glänzend, wie in Licht getaucht, neben der geschlossenen Tür: einen Engel! Ich erschrak ganz furchtbar. Mein Herz pochte von einem Augenblick zum andern, als wäre ich tausend Meter um mein Leben gerannt. Fast wäre ich nach hinten umgefallen! Ich duckte mich auf meinem Schemel und hielt mir die Hand vors Gesicht, denn ich hätte mich gern versteckt, hätte mich gern in Luft aufgelöst!

»Maria!«, sagte er. »Ich bringe dir ganz herzliche Grüße von Gott persönlich!« Und so wie er das sagte, kam ich kaum dazu, mich zu wundern, woher er mich denn kannte. Er hatte eine Stimme, die summte. Und Grüße von Gott persönlich! Da ließ ich vor Staunen meine Hand sinken und wagte es, ihn anzuschauen. Einen so schönen Engel hatte ich noch nie gesehen, nein, ich hatte natürlich noch nie überhaupt irgendeinen Engel gesehen, auch keinen hässlichen, gar keinen, ihr etwa? Engel gibt es doch nur in der Bibel, dachte ich, das kann doch alles nicht stimmen!

Aber es stimmte alles: die Küche stimmte, ich stimmte, die Zwiebelschalen überall, das Fenster und der Engel. Er war wirklich da. Und schaute mich sehr lieb an. Ich werde aber niemandem verraten, was für Augen er hatte. Nicht einmal Josef. Das ist mein Geheimnis. Ich könnte sie auch gar nicht beschreiben.

Mein Herz klopfte sehr heftig. Das muss er gemerkt haben, denn er sagte: »Du brauchst keine Angst zu haben, Maria, denn Gott meint es sehr gut mit dir.« Und dann kam er mit dieser Nachricht, die so ungeheuerlich ist, dass mir noch immer ganz schwummrig zumute ist. Und Zwiebeln schälen geht jetzt auch nicht mehr, ich muss Josef nachher ein Stück Brot zum Abendessen geben, meine Hände zittern ja. Also der Engel sagte: »Maria, Gott hat dich auserwählt, ein Kind zu bekommen. Jesus wird sein Name sein, der Retter der Welt. Denn er ist der Sohn Gottes und wird als König regieren für alle Ewigkeit.«

»Aber Engel«, rief ich vor Schreck, »wie soll denn ich ein Kind bekommen? Josef und ich heiraten doch erst im nächsten Jahr!«

»Lass das Gottes Sache sein«, sagte der Engel, »für ihn ist nichts unmöglich. Und Jesus wird ja sein Sohn sein, nicht der von Josef. Also mach dir mal keine Sorgen.«

So einfach war das für ihn. Für mich aber nicht. Was sollte ich davon halten? Ich ein Kind? Jesus? Der Sohn Gottes? Ich muss wohl sehr verwirrt geguckt haben, denn jetzt lächelte er mich ganz zuversichtlich an und erinnerte mich an Elisabeth, meine Freundin, die in Juda lebt.

»Du weißt doch«, sagte der Engel, »Elisabeth konnte nie ein Kind bekommen, aber jetzt ist sie schwanger und bald kommt das Kind zur Welt. Auch das ist Gottes Gnade.«

Ja, das wusste ich, Eli hatte es mir selber geschrieben, sie war ganz aus dem Häuschen, so wie ich jetzt. Dass sie doch noch ein Kind bekommen würde! Wer hätte das je für möglich gehalten? Sie ist ja nicht mehr die Jüngste und Zacharias, ihr Mann, ist auch schon ziemlich alt.

Gott ist groß, hatte ich ihr zurückgeschrieben. Es lohnt sich, ihm ganz zu vertrauen! Freu dich auf dein kleines Wunderkind!

Und ich? Sollte ich mich denn nicht freuen auf meines? Auf mein Gotteskind, mein Wundergeschenk?

Der Engel stand noch immer da und schaute mich an mit großer Geduld. Er hatte es nicht eilig, er ließ mir viel Zeit, um diese Nachricht anzunehmen.

Auf einmal wurde mir ganz warm und froh ums Herz. Wovor sollte ich mich fürchten? Was würde mir anderes geschehen als das, was Gott sich ausgedacht hatte? Gottes Pläne sind gut! Schon immer bete ich zu ihm, dass ich nicht so dumm bin, von seinen Wegen abzuweichen. Und nun sollte ich sein Kind bekommen!

Der Engel schien auf etwas zu warten. Vielleicht wollte er wissen, ob ich einverstanden war? Gott zwingt uns ja nicht. Er liebt die Freiheit.

Ich nickte, zuerst noch ganz vorsichtig, aber dann entschlossen: »Ja, Engel, du kannst Gott sagen, dass ich bereit bin für das Kind.« Und ehe er verschwand, flüsterte ich ihm noch zu: »Und sag ihm, dass ich mich geehrt fühle! Sehr geehrt!«

Weg war er. Vom Erdboden verschluckt. Oder besser gesagt: vom Himmel verschluckt. Nur die Zwiebelschalen flatterten noch einmal herum und segelten dann sachte zu Boden.

Gleich wird Josef kommen. Ich werde ihm alles erzählen. Und gleich morgen mache ich mich auf den Weg und besuche Elisabeth.

Sie sollen sich alle mit mir freuen auf Jesus, unseren König!

(nach Lukas 1, 26–38)

Vanillekipferl

- ✳ *140 g weiche Butter*
- ✳ *100 g Zucker*
- ✳ *Vanilleschote*
- ✳ *2 Eigelb*
- ✳ *200 g Mehl*
- ✳ *100 g gemahlene Mandeln*
- ✳ *3 EL Puderzucker*
- ✳ *Backpapier*

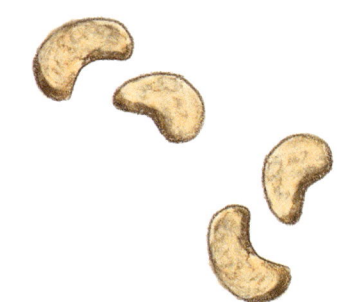

Schlagt zuerst das Fett schaumig und lasst den Zucker einrieseln. Die Vanilleschote längs aufschneiden, das Mark herauskratzen und dazugeben. Nun fügt ihr das Eigelb hinzu und schlagt alles schön schaumig. Dann nach und nach Mehl und Mandeln unterheben. Formt den Teig zu drei Rollen, wickelt ihn in Folie und stellt ihn für eine Stunde kalt. In der Zwischenzeit heizt ihr den Backofen auf 180° vor und belegt ein Backblech mit Backpapier. Schneidet von dem Teig fingerdicke Scheiben ab und formt daraus zuerst kleine Würste und dann Hörnchen, indem ihr die Würste an den Enden dünner auslaufen lasst. Die Kipferl werden auf mittlerer Schiene etwa 12 Minuten gebacken und zum Schluss bestäubt ihr die noch warmen Kipferl mit Puderzucker.

Darf ich vorstellen: Meine Familie

Ich heiße Lina Stubenbauer, bin 9 Jahre alt und würde euch gern meine ganze Familie vorstellen, aber ich kriege gerade keinen Einzigen von ihnen zu packen. Die sind alle so schwer beschäftigt! Denn morgen ist der 1. Advent, da beginnt die Adventszeit. Die mag ich sehr gern, von allen Zeiten im Jahr am liebsten. Wenn man mich fragt: Ich finde sie sogar noch schöner als Weihnachten. Die Adventszeit gefällt mir so gut, weil sie die Dunkelheit schmückt. Und weil sie mit einer Kerze anfängt und mit vier aufhört und es also immer heller wird. Und weil sie mit Geschenkpapier raschelt und weil sie duftet nach Plätzchen und Zimt. Und weil es dann besonders schön ist, morgens in der Küche zu frühstücken beim Adventskranz. Und weil man jeden Tag ein Türchen aufmachen kann am Adventskalender. Und weil man sich die ganze Zeit freuen kann auf das, was noch kommt. Auch auf die Geschenke natürlich. Aber vor allem auf den Geburtstag von Jesus. Wegen ihm kommt ja im Radio so schöne festliche Musik. Und weil man zusammen die Adventslieder singen kann. Und weil man, wenn man mit kalten Händen aus der Schule nach Hause kommt, sie so schön an der Heizung aufwärmen kann. Das kann man zwar sonst auch, wenn's kalt ist, aber in der Adventszeit tut die Heizung bei uns so, als würde sie noch mit echtem Holz

heizen. Meine Finger jedenfalls stellen sich dann immer vor, dass da drin in den weißen Röhren das Holz knistert. Und was mir auch noch so gut gefällt: Man kann Tannennadeln auf die heißen Herdplatten legen und sie zum Glühen bringen. Wie das dann duftet! Das ist für mich Advent. Und für euch?

Natürlich ist es manchmal ganz schön stressig in diesen Wochen! Wie gesagt: Die ganze Familie Stubenbauer hat zu tun und zu tun und keiner hat Zeit, mir dabei zu helfen, meinen eigenen Riesenstern übers Bett zu hängen. Den habe ich in der Schule gebastelt. Er hat große rote Zacken mit Lochmustern und man kann eine echte Glühbirne reinhängen, sodass der ganze Stern wunderschön leuchtet.

Papa, der mir eigentlich mit dem Bohrer einen Haken an die Decke machen sollte, sitzt mit Mia im Wohnzimmer auf dem Boden. Mia ist meine kleine Schwester, sie ist drei. Und wenn man die beiden da sitzen sieht, denkt man, sie sind im Wald. Sie sitzen nämlich inmitten von Tannenzweigen, die Papa gestern auf dem Markt gekauft hat, und versuchen, einen Adventskranz zu binden. Mia schreit, das ist klar. Sie sticht sich natürlich ständig an den Nadeln. Papa auch. Er schreit dann nicht, aber er macht »Sssss!!« und schüttelt die Finger. Wie Papa mit Mia den Kranz fertig kriegen will, ist mir schleierhaft. Wenn sie nicht schreit, fegt sie den Boden mit einem Zweig oder zupft Nadeln ab und steckt sie sich in die Hose. Und Papa sieht auch nicht so aus, als wüsste er, wie man die Zweige rund kriegt. Wahrscheinlich muss nachher doch wieder Oma den Kranz machen. Aber Oma ist noch einkaufen. Wir brauchen noch Mehl und Anis. Ich werde nachher mit ihr Zimtsterne backen. Aber nur wir zwei. Lorenz werde ich aus der Küche schmeißen, sobald er nur den Kopf reinsteckt. Lorenz ist mein Bruder, er ist sieben Jahre alt. Er hat sich oben auf den Esstisch gesetzt, weil er spielt, dass der sein Kanu ist, auf dem er den Amazonas entlangschippert. Die grünen Tannenzweige ringsherum sind die Krokodile und gefährliche Insekten und Schlingpflanzen. Er kann also nicht mehr aus dem Kanu raus. Deshalb musste ich ihm vorhin einen Kakao bringen und eine Banane. Und Bastelzeug. Er bastelt jetzt in seinem Kanu zum Zeitvertreib ein paar Adventssterne. Sie sehen allerdings aus wie Kraken. Als ich ihm das sagte, meinte er: »Das sind Adventskraken, die gibt es nur im Amazonasgebiet. Davon hast du keine Ahnung. Geh und bring mir noch eine Banane.« Bin ich etwa die Dienerin von Lorenz Stubenbauer? Aber na gut, weil morgen der erste Advent ist, bring ich ihm noch eine Banane.

Plötzlich jault Elfi laut auf. Elfi ist unser Hund, ein Mischling. Elfi hat zwei unterschiedliche Augenfarben. Das eine Auge ist braun, das andere bläulich-grün. Elfi ist mit ihrer Nase in einen Zweig geraten. Sie rennt jetzt wie von einer Biene gestochen aus dem Wohnzimmer. Ich öffne ihr die Haustür und lasse sie in den Garten hinaus. Eiskalte Luft schlägt mir entgegen. Die vergammelten Astern stehen eingefroren am Zaun wie Bräute mit Schleiern. Da kommt Oma vom Einkaufen zurück.

»Hallo, Lina«, sagt sie. »Nimmst du mir bitte mal die Einkaufstasche ab? Ich muss mir die Nase putzen. Hier muss dringend gestreut werden. Der Weg ist spiegelglatt!«

Als ich die Tasche in der Küche auspacke, sehe ich, dass Oma ganz viel Marzipan gekauft hat! Hmm!

»Da können wir ja tausend Marzipankartoffeln draus machen!«, jubele ich. Denn was ich am Advent noch so mag, das sind die Marzipankartoffeln.

»Wo ist denn Mama?«, fragt Oma und schlüpft in ihre Fellpantoffeln.

»Oben in ihrem Zimmer«, antworte ich. »Wir dürfen nicht rein. Sie macht irgendwas Geheimnisvolles!«

»Joachim!«, ruft sie laut. So heißt Papa. »Joachim! Bitte streu doch mal den Weg draußen. Da bricht sich sonst noch einer das Bein!«

»Ich kann jetzt nicht!«, ruft Papa. »Ich mache gerade den Kranz!«

Jetzt guckt Oma mich an und ich merke, dass ich anscheinend heute wirklich die Dienerin des Hauses bin und Sand streuen soll. Ha, aber das macht mir Spaß! Ich laufe raus. In der Garage hole ich den Eimer mit Sand und die kleine Schaufel. Elfi bellt und wedelt mit dem Schwanz, als ich beginne, den Weg zu streuen. Sie denkt, es ist ein Spiel.

Da öffnet Mama oben das Fenster und winkt mir zu. »Fertig!«, ruft sie und lacht.

»Womit?«, frage ich zurück.

Da legt sie nur den Finger vor den Mund und macht »Psst! Wird nicht verraten!«

Aber ich glaube, ich weiß, was sie da so heimlich gebastelt hat. Es sind bestimmt unsere Adventskalender! Morgen früh werden sie an unseren Zimmertüren hängen. Und noch was wird hängen: mein Adventsstern. Nach dem Backen hole ich den Bohrer aus dem Keller und bohre mir selber ein Loch für den Haken. Ja, das werde ich tun. Mein Stern soll leuchten!

Zimtsterne

* 400 g gemahlene Mandeln
* 2 Eiweiß
* 300 g Zucker
* Zucker zum Ausrollen
* Saft einer halben Zitrone
* Abgeriebene Schale einer halben Zitrone
* 1 EL Zimt
* 3 EL Puderzucker
* Backpapier

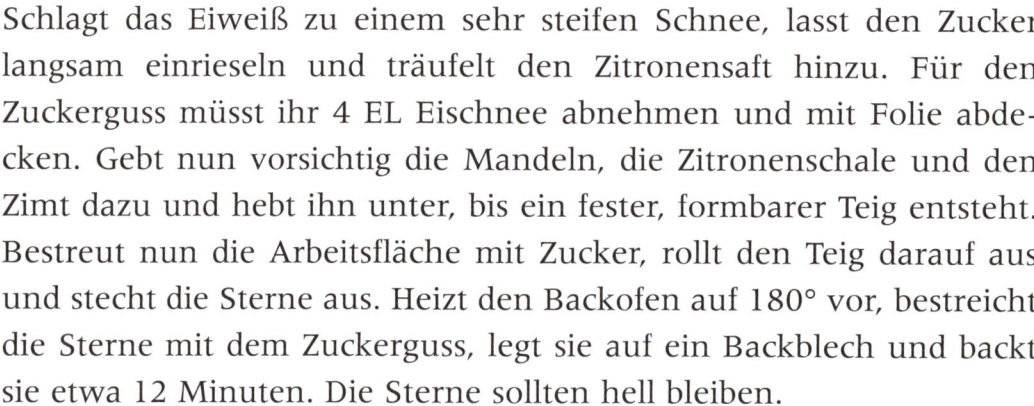

Schlagt das Eiweiß zu einem sehr steifen Schnee, lasst den Zucker langsam einrieseln und träufelt den Zitronensaft hinzu. Für den Zuckerguss müsst ihr 4 EL Eischnee abnehmen und mit Folie abdecken. Gebt nun vorsichtig die Mandeln, die Zitronenschale und den Zimt dazu und hebt ihn unter, bis ein fester, formbarer Teig entsteht. Bestreut nun die Arbeitsfläche mit Zucker, rollt den Teig darauf aus und stecht die Sterne aus. Heizt den Backofen auf 180° vor, bestreicht die Sterne mit dem Zuckerguss, legt sie auf ein Backblech und backt sie etwa 12 Minuten. Die Sterne sollten hell bleiben.

Sternenvorhang

* Zwei verschiedene Farben von Metallfolie
* Glitzerperlen
* Geschenkband oder Draht
* Schere
* Kugelschreiber
* Klebstoff

Nehmt die Zeichnung des Sternenvorhangs als Vorlage für die Sterne und vergrößert sie entsprechend. Legt die Vorlage möglichst sparsam auf die Folie, zeichnet die Umrisse mit dem Kugelschreiber nach und schneidet die Sterne aus. Nehmt jeweils ein dünnes Geschenkband oder einen Draht und fädelt zwei bis drei Perlen auf. Hinter die erste Perle macht ihr einen Knoten. Klebt dann zwei Sterne vorne und hinten um das Band herum und fädelt anschließend wieder zwei bis drei Perlen auf, bis das Band lang genug ist. Die anderen Bänder macht ihr auf dieselbe Art. So könnt ihr einen ganzen Sternenvorhang für euer Fenster basteln.

Adventskalender – woher kommen die?

Den allerersten Adventskalender hat eine Mutter für ihr Kind erfunden. Das war vor mehr als 125 Jahren, also noch im 19. Jahrhundert.

Wenn es damals auch noch keine Computer gab, keine Flugzeuge und kein Playmobil und vieles ganz anders war als heute – die Kinder waren zu allen Zeiten gleich. Sie freuten sich furchtbar auf Weihnachten, wussten, dass sie etwas geschenkt bekommen würden, und hofften, der Tag des Weihnachtsfestes würde ganz schnell kommen. Und weil die Adventszeit einfach nicht schnell genug vorbeiging, wurden sie ungeduldig und lagen ihren Eltern in den Ohren mit dem Satz: »Wann ist es endlich so weit? Wann ist endlich Weihnachten?«

Manche Eltern versuchten, ihren Kindern die Wartezeit etwas abwechslungsreicher zu gestalten. Sie malten zum Beispiel 24 Kreidestriche an die Türen und die Kinder durften dann jeden Tag einen davon wegwischen. Oder sie gaben den Kindern 24 leckere Plätzchen und jeden Tag wurde eines gegessen. Manche Kinder durften auch jeden Tag ein Bild an die Wand hängen, bis es dann 24 Stück waren.

Diese Mutter aber, von der oben die Rede war, hatte eine andere Idee. Sie bastelte ihrem kleinen Sohn, der Gerhard Lang hieß, einen Wartekalender aus Pappe und nähte 24 kleine Lebkuchen darauf. Da konnte er sich also 24 Tage lang das Warten mit Lebkuchen versüßen, den er Stück für Stück von der Pappe abpflückte. Das fand Gerhard wunderbar! Er wurde ein bisschen geduldiger und später sogar erwachsen.

Da hatte er eines Tages im Jahre 1908 eine ähnlich gute Idee wie seine pfiffige Mutter, die übrigens eine Pfarrfrau war. Er ließ Bogen aus Pappe mit 24 glänzenden Engelbildern drucken und verkaufte sie in der Vorweihnachtszeit. Die Kinder konnten dann jeden Tag ein Bild ausschneiden und auf einen Pappkarton kleben.

Irgendwann dachte sich Gerhard Lang den ersten Adventskalender mit Fenstern und Bildern dahinter aus. Der wurde in der ganzen Welt ein Hit, der sich prima verkaufte.

1958 kam dann der erste Kalender auf den Markt, hinter dessen 24 Türen Schokolade für die Kinder steckte.

Was es heute alles für Adventskalender gibt, wisst ihr ja. Welcher gefällt euch denn am besten?

Adventskalender als Zug mit 24 Anhängern

★ 25 farbige, etwa gleich große Schachteln
   (die Schachteln können auch bemalt werden)
★ 52 Toilettenpapierrollen
★ 1 größere, runde Pappdose
★ Farbiges Tonpapier
★ Schere
★ Klebstoff
★ Bleistift
★ Bastelfarbe in den gewünschten Farben
★ Pinsel

Dieser lange Adventszug besteht aus einer Lok und 24 Zuganhängern, die mit kleinen Spielsachen, Äpfeln, Plätzchen oder Nüssen gefüllt werden können. Malt die Papprollen in den gewünschten Farben an und klebt immer zwei davon als Räder unter eine Schachtel. Schneidet aus Tonpapier Zahlen aus oder malt Zahlen von 1 bis 24 auf die Anhänger.

Die Lok besteht aus einer Schachtel, die mit der Öffnung nach hinten, also waagrecht (als Einstieg für den Lokführer) auf mehrere Papprollen geklebt wird. Dann klebt ihr die größere runde Dose waagrecht vor die Schachtel und die Papierrollen darunter. Als Schornstein schneidet ihr eine Papprolle an einem Ende ringsherum mit mehreren Schnitten ein und klebt sie auf. Schon ist der Weihnachtszug fertig und kann gefüllt werden. Viel Spaß!

Adventskalender aus 24 Nikolausstiefeln

* *Farbiger, dünner Filz in unterschiedlichen Farben*
* *Goldlitze, Steinchen, Glitzerfarbe, Plusterfarbe,*
  Geschenkbänder, Perlen usw.
* *Textilklebstoff*
* *Schere*
* *Phantomstift*

Nehmt die Zeichnung als Vorlage für die Form des Stiefels und vergrößert sie entsprechend. Übertragt die Form mit dem Phantomstift
(die Umrisse verschwinden nach einigen Stunden wieder) auf den Filz
und schneidet nun immer zwei gleichfarbige Stiefelchen aus. Klebt die
Stiefel am Rand aufeinander. Für die Stulpen könnt ihr nun Streifen
aus dem restlichen Filz schneiden, die so lang sind wie der Umfang der
Stiefel und so breit, wie ihr wollt. Klebt die Stulpen an den oberen
Rand der Stiefelchen. Das macht ihr vierundzwanzig Mal. Nun könnt
ihr sie mit Glitter und Perlen verzieren. Malt dazu aus Filz oder mit der
Plusterfarbe Zahlen auf, schneidet Herzen oder Sterne aus Filz aus und
klebt sie an oder näht oder klebt Perlen auf. Ganz wie ihr wollt. Diese
schönen Stiefelchen warten darauf, gefüllt zu werden.

Groggel und sein schöner Kranz

Gestern war der Montag nach dem 1. Advent. Es war früh am Morgen und noch dunkel draußen. Im Haus roch es nach der ausgeblasenen Kerze vom Adventskranz. Oma hat Papa gezeigt, wie man ihn macht, und er hat es dann doch noch hingekriegt. Als Mia im Bett war. Mama machte sich mit Mia auf den Weg in den Kindergarten. Lorenz und ich gingen zur Schule. Wir trafen wie immer unterwegs Daniel und Michel Maurer und die Zwillinge Alina und Clara Kartberg, die immer so frech sind. Lorenz schlitterte mit ihnen auf dem vereisten Gehweg und knallte ständig hin.

Als wir die Schultür aufstießen, sahen wir, dass in der Eingangshalle überall an den Wänden entlang Teelichter brannten. Von der hohen Decke hing ein Riesenadventskranz mit vier dicken roten Kerzen, die noch nicht brannten, und roten Schleifen. Es ist jedes Jahr derselbe mit denselben Kerzen und Schleifen, aber natürlich sind die Zweige frisch und fangen erst kurz vor Weihnachten mit dem Nadeln-Abwerfen an. Groggel, unser Hausmeister, bindet den Kranz selbst und ist immer ganz stolz, wenn wir sagen: »Oh, toll, Herr Groggel, in diesem Jahr sieht der Kranz aber besonders schön aus!«

Unsere Rektorin, Frau Kirsche, stand unter dem Kranz, die Lehrerinnen und Lehrer liefen eifrig herum und passten auf, dass wir Schüler uns brav in der Halle aufstellten und nicht mit den Teelichtern spielten. Jetzt kam die Adventsfeier. Sie geht immer so, dass wir Adventslieder singen und der Flötenkreis von Frau Sommerlein ein paar Stücke sehr hoch und sehr falsch spielt, bis wir klatschen. Dann macht Groggel das Licht in der Halle aus. Es ist fast dunkel und wir sind ganz still, bis Groggel mit einem langen Stab die erste Kerze am Kranz anzündet und wir wieder klatschen. Und dann hält Frau Kirsche ihre Rede zum Advent. So ist das bei uns in der Schule jedes

Jahr. Ich bin ja jetzt schon in der vierten Klasse und kenne das langsam.

Aber gestern war es anders. Ich wusste gar nicht, dass Adventsfeiern so lustig sein können! Zuerst war alles ganz normal: Licht aus, alles dunkel bis auf die Teelichter, wir warteten auf Groggel. Aber der kam nicht! Frau Kirsche stand da irgendwo wie ein Schatten, Frau Sommerlein, meine Klassenlehrerin, flüsterte mit den Blockflötenkindern, und Lorenz, der neben mir stand, stieß mich in die Seite und fragte: »Wieso passiert jetzt nichts?« Er war ja als Erstklässler das erste Mal dabei. Ich zuckte mit den Schultern.

Frau Kirsche sagte: »Jetzt singen wir einfach mal ein Lied, bis Herr Groggel den Kranz anzündet.«

Frau Sommerlein gab einen hohen Ton an: »Aaaahh!« Und dann sangen wir alle im Dunkeln »Morgen Kinder wird's was geben«, obwohl es morgen natürlich noch kein bisschen Weihnachten geben würde. Aber etwas anderes gab es, nämlich einen lauten Krach. Das war Groggel. Er hatte eine Trittleiter dabei und war im Dunkeln über irgendwas gestolpert. Jetzt lag er der Länge nach auf der Leiter am Boden!

»Ich habe den langen Stab nicht gefunden zum Anzünden!«, ächzte er beim Aufstehen. »Da muss ich wohl mit der Streichholzschachtel auf die Leiter steigen, um an die Kerze da oben dranzukommen!«

Das tat er dann auch und endlich brannte am Kranz ein Licht. Groggel blieb einfach oben auf seiner Leiter sitzen und sagte: »Ich bleib noch ein bisschen hier oben bei meinem schönen Kranz, reden Sie ruhig, Frau Rektorin!« Wir kicherten.

Frau Kirsche fing also an. Aber sie hielt keine Rede, sondern stellte eine Frage.

»Wer von euch weiß denn, woher der Adventskranz kommt?«

»Ich!«, rief eine Stimme. Es war Groggel, der sich eifrig meldete.

Frau Kirsche guckte ihn etwas verwirrt an, denn sie wollte natürlich, dass wir Kinder eine Antwort gaben und nicht der Hausmeister. Wir waren ja schließlich die Schüler, die immer alles wissen müssen. Und da mussten wir noch mehr kichern und guckten alle ganz gespannt zu Groggel hin, der sich dort oben auf der Leiter verschmitzt die Hände rieb. »Das kann ich Ihnen ganz genau verraten, Frau Rektorin, ich war nämlich dabei!«

»Sie?«, fragte Frau Kirsche und jetzt puffte ich Lorenz in die Seite und wir lachten.

»Na und ob! Ich habe alles miterlebt! Da stand die schöne Tanne im Wald und da war ich mit meiner Säge und habe die Zweige abgesägt und ins Auto geschleppt. Und dann bin ich heimgefahren und habe mich in die Küche gesetzt und diesen feinen Kranz erfunden. Stundenlang habe ich dran gesessen, und dann war die Erfindung fertig und ich habe mir einen Schnaps genehmigt. So war das!«

Wir lachten allesamt laut und konnten gar nicht aufhören. Groggel lachte mit und winkte uns. Frau Kirsche musste dann die Hand heben, damit wieder Ruhe einkehrte. Und dann sagte sie: »Danke, Herr Groggel, und jetzt der Nächste bitte! Wer hat noch eine Geschichte zum Adventskranz beizutragen?«

Da meldeten sich mehrere Kinder und alle durften der Reihe nach auf die Leiter klettern, nachdem Groggel wieder unten stand, und erzählten von oben die Geschichten. Es sah aus, als würden sie auf einem Hochsitz im Wald sitzen. Und sie erzählten ganz lustige Geschichten über die Erfindung des Kranzes. Mark zum Beispiel hatte die Idee, dass der Kranz ganz früher mal vom Himmel herabgefallen war, auf den Kopf von einem Mann, mitsamt den Kerzen. Und Jessica erzählte: »Es war einmal eine alte Frau, die hat den ersten Kranz der Welt gebunden. Sie wollte damit nur das Grab ihres Mannes schmücken. Und als der Kranz da auf dem Grab lag, kam ein Engel in der Nacht und hat brennende Kerzen drauf gesteckt.«

Na ja, und wie konnte es anders sein: Natürlich wollte jetzt Lorenz auch auf den Hochsitz klettern und was erzählen. Und natürlich hatte er es wieder mit seinem Amazonas: »Der erste Adventskranz der Welt kam aus dem Amazonas. Er schwamm dort auf dem Wasser und war ein Rettungsring für Hunde, die ins Wasser gefallen sind. Damit die Krokodile sie nicht schnappen konnten, musste der Rettungsring so stachelig sein.«

Es war alles sehr lustig und sogar Frau Kirsche machte es Spaß und sie vergaß völlig, ihre Rede zu halten oder uns endlich zu verraten, wie das denn nun war mit der Erfindung des Adventskranzes.

Nur Frau Sommerlein vergaß natürlich ihren Blockflötenkreis nicht. Sie hob irgendwann den Arm und rief:

»Und jetzt sind wir dran!« Und dann flöteten die Kinder wieder ihre hohen und falschen Töne. Schließlich begann der Unterricht und Groggel machte das Licht wieder an. Und wir wussten immer noch nicht, was es denn nun mit der Erfindung des Adventskranzes auf sich hatte.

Und wie war das nun wirklich mit dem Adventskranz?

Vor über 150 Jahren stand in Hamburg ein Haus, das hieß das »Rauhe Haus«. Dort konnten Kinder, die kein schönes oder überhaupt kein Zuhause hatten, leben und etwas lernen. Ein Pfarrer mit dem Namen Johann Hinrich Wichern war der Gründer dieses Hauses. Im Advent las er den Kindern jeden Tag etwas aus der Bibel vor und zündete dazu eine Kerze an, jeden Tag eine mehr, sodass es am Weihnachtsmorgen dann 24 Stück waren. Ein Freund, der gut tischlern konnte, hatte ihm einen Ring aus Holz angefertigt, so groß wie das Wagenrad einer alten Kutsche. Auf diesen Ring konnten die 24 Kerzen gesteckt werden. Später kamen die Jugendlichen dann auf die Idee, den Ring mit Tannenzweigen zu schmücken.

Viele andere Leute, die von dem Ring hörten, wollten nun auch so etwas haben für ihre Adventsstuben. Erst nach dem Ersten Weltkrieg gab es dann die Adventskränze aus reinem Tannengrün mit nur vier Kerzen, wahrscheinlich weil sie kleiner waren und gut in kleinere Zimmer und auf die Esstische passten.

So ein Kranz erinnert ja ein bisschen an den Siegeskranz, den man früher in der Antike dem Sieger eines Kampfes auf den Kopf gedrückt hat. Auf jeden Fall bedeutet seine Kreisform Hoffnung, Vollendung und Leben. Auch die grünen Zweige stehen für das Leben, das frisch ist und manchmal auch pikst.

Und die vier Kerzen machen das Zimmer jeden Sonntag etwas heller und weisen damit auf Jesus hin, der das Licht der Welt ist.

Lebkuchen und Lebkuchenhaus

Für die Konstruktion:
* Pappe
* Schere
* Bleistift
* Lineal
* Messer

Für den Teig:
* 375 g Honig
* 375 g Zucker
* 75 g Butter
* 750 g Mehl
* 2 Eier
* 1,5 TL Pottasche
* 3 EL Wasser
* 3 EL Lebkuchengewürz
* 2 EL Kakao
* 1 Priese Salz
* Backpapier

Für die Glasur:
* 2 Eigelb (Eiweiß wird für den »Kleber« verwendet)
* 4 EL Milch
* Kleine Prise Salz

Für den Kleber:
* 500 g Puderzucker
* Eiweiß
* 2 TL Zitronensäure

Für die Dekoration:
* Liebesperlen
* Winterzucker
* Farbige Schokolinsen (Smarties)
* Weiße Schokokugeln (Rafaello)
* Zuckerschrift
* Winter-Zuckerdeko mit Tannenbäumen usw.
* Borkenschokolade

So ein Lebkuchenhaus ist nicht schwer zu bauen, aber ein bisschen Geduld braucht ihr schon. Der Teig sollte rechtzeitig vorbereitet werden, denn er muss einen Tag ruhen. Dafür schmelzt ihr in einem Topf die Butter zusammen mit dem Honig und dem Zucker. Füllt die Masse nun in eine Rührschüssel und lasst sie abkühlen. Verrührt die Pottasche mit dem Wasser und hebt sie unter die Buttermasse. Packt den Teig in eine Frischhaltefolie und lasst ihn über Nacht ruhen. Für die Konstruktion braucht ihr die Hilfe eines Erwachsenen. Zuerst schneidet ihr Schablonen aus Pappe. Das Haus hat die Maße:

Grundplatte: 30 auf 45 cm
Seitenteil: 22 auf 15 cm (2x)
Giebelteil: 15 auf 15 cm (2x)
Dach: 24 auf 20 cm (2x)

In die Seitenteile könnt ihr noch ein oder zwei Fenster schneiden und in ein Giebelteil die Tür. Heizt nun den Backofen auf 170° vor, rollt den Teig auf Backpapier etwa 5 mm dick aus und schneidet ihn nach den Schablonen aus. Backt den Teig etwa 20 Minuten und lasst ihn dann auskühlen. Schlagt in der Zwischenzeit das Eiweiß sehr steif und fügt dann den Zucker und die Zitronensäure hinzu.

Als Erstes klebt ihr mit dem Eiweiß die beiden Seitenteile und ein Giebelteil aneinander, dann das andere Giebelteil. Die Teile sollten erst so ziemlich trocken und fest sein, dann kann man das Dach aufbauen. Wenn das Haus gut durchgetrocknet ist, beginnt ihr mit dem Verzieren. Die Fensterumrandung könnt ihr mit der Zuckerschrift oder mit Liebesperlen verschönern, das Dach mit einem Borkenschokoladenkamin versehen, Zuckerguss und Winterzucker geben den Rauch. Den Weg könnt ihr mit Zuckergusstannen säumen und aus der Schokokugel einen Schneemann basteln. Und wenn ihr die Schokolinsen noch nicht alle aufgegessen habt, sehen die sicher auch sehr schön als Wegeinzäunung aus. Viel Spaß!

Verzierte Kerzen

* Kerzen in allen möglichen Farben und Größen
* Knetwachs, Wachskordel, Wachsplatten (aus dem Bastelgeschäft)
* Kleine Ausstechförmchen
* Liebesperlen
* Schere
* Stumpfes Messer

Aus ganz normalen Kerzen könnt ihr kleine Kunstwerke zum Verschenken oder für den Adventskranz machen. Aus den Wachsplatten könnt ihr mit kleinen Ausstechern die schönsten Formen ausstechen und auf die Kerzen drücken. Genauso einfach könnt ihr mit kleinen Kügelchen aus Wachs, einer Wachskordel oder Liebesperlen eure Kerzen verschönern. Wer keine kleinen Ausstecher hat, kann auch einfach Formen mit einem Kindermesser aus den Wachsplatten schneiden und leicht angewärmt auf die Kerzen drücken.

Es kommt ein Schiff, geladen

Text: Daniel Sudermann um 1626
Melodie: Köln 1608

1. Es kommt ein Schiff, ge - la - den bis an sein' höchs - ten Bord, trägt Got - tes Sohn voll Gna - den, des Va - ters e - wigs Wort.

Das Schiff geht still im Triebe, es trägt ein teure Last;
das Segel ist die Liebe, der Heilig Geist der Mast.

Der Anker haft' auf Erden, da ist das Schiff am Land.
Das Wort will Fleisch uns werden, der Sohn ist uns gesandt.

Zu Betlehem geboren im Stall ein Kindelein,
gibt sich für uns verloren; gelobet muss es sein.

Und wer dies Kind mit Freuden umfangen, küssen will,
muss vorher mit ihm leiden groß Pein und Marter viel,

danach mit ihm auch sterben und geistlich auferstehn,
ewig Leben erben, wie an ihm ist geschehn.

Sterne, Tannenbäume und Engel aus Metallfolie

* Metallfolie in den gewünschten Farben
* Farbiger Draht
* Schere
* Folienstift
* Dicke Nadel
* Weiche Unterlage (z. B. Filzplatte oder Handtuch)

Nehmt die Zeichnung als Vorlage für die Sterne, Tannenbäume oder Engel, vergrößert sie entsprechend und übertragt sie auf die Metallfolie. Schneidet die Formen dann aus und legt sie auf die weiche Unterlage. Das kann ein Stück Filz oder ein Handtuch sein. Mit der Nadel könnt ihr dann Muster in die Anhänger stechen. Ein Loch am oberen und eines am unteren Ende darf nicht fehlen, denn durch die beiden Löcher zieht ihr den Draht. So könnt ihr eine schöne Girlande für den Adventskranz oder den Weihnachtsbaum basteln.

Ein Strohstern am Fahrrad und Donald Duck im Rechenheft

Es gibt ja noch etwas, das mir an der Adventszeit so gut gefällt, und das ist das Wichteln! Kennt ihr das auch? Jeder in der Schulklasse schreibt seinen Namen auf einen Zettel, dann werden die Zettel in Frau Sommerleins Wintermütze getan, gut gemischt und dann darf jeder einen ziehen. Und für das Kind, das man gezogen hat, muss man dann der Wichtel sein bis zu den Weihnachtsferien. Ich habe Annika gezogen. Annika sitzt ganz hinten im Klassenzimmer und ist so eine ganz Stille, die sich selten meldet. Sie ist wohl schüchtern, meint Mama. Sie macht auch nie mit, wenn wir auf dem Schulhof Fangen spielen oder Gummitwist. Ihre Eltern sind Musiker und fahren oft wegen ihrer Konzerte in der ganzen Welt herum. Dann ist Annika allein mit ihrem Au-pair-Mädchen. Sie kann selber schon ziemlich gut Geige spielen und übt jeden Tag. Ich übe nicht jeden Tag Blockflöte.

Jetzt bin ich also seit ein paar Tagen der Wichtel von Annika. Als Erstes habe ich einen Pfefferkuchenteig gemacht und daraus Noten gebacken. Die habe ich in eine Blechschachtel getan und ihr heimlich in den Turnbeutel gesteckt. Im Umkleideraum konnte ich dann beobachten, wie sie die Schachtel fand und öffnete und ein ganz rotes Gesicht bekam vor Freude.

Sie hat sich gleich zwei Noten in den Mund gesteckt und die anderen kamen an und wollten gucken, was sie da bekommen hat. Ich bin auch zu ihr und habe so getan, als würde ich staunen. Das hat Spaß gemacht! Als Nächstes habe ich ihr einen Strohstern an den Fahrradlenker gehängt. Und dann bin ich morgens mal extra früher gekommen und habe ihr eine Kerze auf ihren Platz gestellt und sogar angezündet, obwohl wir das eigentlich nicht dürfen. Aber es weiß ja keiner, wer Annikas Wichtel ist, nur ich, ha! Als Annika kam, habe ich mich auf dem Flur versteckt und bin dann nach ihr ins Klassenzimmer gegangen. Da stand sie vor der Kerze und strahlte über das ganze Gesicht und rief: »Guck mal, Lina, was mir mein Wichtel geschenkt hat!« Ich habe Annika noch nie so laut gehört. Ich sagte: »Oh, dein Wichtel feiert mit dir Advent!« Sie ließ die Kerze einfach brennen, bis Frau Sommerlein kam. Und als die dann sagte: »Fein, Annika, aber jetzt musst du die Kerze leider ausblasen!«, da sagte sie: »Aber es passiert doch gar nichts, ich pass doch auf!« Das fand ich gar nicht schüchtern, sondern mutig. Sie musste die Kerze dann aber trotzdem ausblasen.

Das Schöne am Wichteln ist nicht nur, dass man sich dauernd was für den anderen ausdenken kann und sich dabei wie ein Engel fühlt, sondern dass es so geheimnisvoll ist. Mama sagt, Weihnachten ist auch ein Geheimnis: Denn dass Gott Mensch geworden und als kleines Kind zur Welt gekommen ist, das ist sehr geheimnisvoll und wir können da nur staunen und uns freuen, aber richtig verstehen kann man das nicht.

Gestern schrieb ich ihr einen Wichtelbrief. »Hallo Annika! Ich bin Dein Wichtel und wollte Dir sagen, dass es echt Spaß macht, Dich zu bewichteln. Du kannst dich so schön freuen. Viele Grüße, Dein Wichtel.« Den Brief habe ich mit richtigem Siegelwachs zugemacht und bei ihr zu Hause in den Briefkasten gesteckt.

Und dann gehört natürlich auch dazu, dass ich selber ja auch einen Wichtel habe. Das ist auch sehr geheimnisvoll: dass da irgendjemand aus meiner Klasse mir heimlich etwas schenkt und ich weiß nicht, wer! Vorgestern zum Beispiel kam ich in der kleinen Pause vom Klo wieder und fand plötzlich in meinem Rechenheft fünf Sticker von Donald Duck! Und gestern fand ich in meinem Etui für die Stifte einen kleinen Schneemann als Radiergummi, der zwar schon ein bisschen gebraucht aussah, aber trotzdem süß. Und heute lagen auf meinem Stuhl vier Walnüsse. Ich überlege immerzu, wer mein Wichtel sein könnte. Ich glaube, es ist Linus. Linus guckt immer so, wenn ich die Sachen finde. Und dann guckt er schnell weg und kratzt sich am Ohr oder so. Bestimmt ist es Linus. Vielleicht aber auch Yssuf. Er hat näm-lich den Radiergummi in die Hand genommen und gegrinst: »Aha,

kenn ich!«, hat er gesagt. Das sagt man doch, wenn man extra von sich ablenken will, oder?

Wer auch immer mein Wichtel ist, auf jeden Fall macht er seine Sache gut. Ich mag das!

Ich bin gespannt, ob Annika das große Gummiband benutzen wird, das ich ihr heute um ihren Gepäckträger gebunden habe. Ich habe es ihr gemacht zum Gummitwistspielen. Und habe auf einen roten Zettel geschrieben: »Spiel doch mal mit! Dein Wichtel.« Vielleicht macht sie dann ja mal mit, wenn sie ein eigenes Band hat. Das fände ich schön.

Und irgendwann nach den Weihnachtsferien lade ich sie mal zu mir nach Hause ein, dann spielen wir was und dann werde ich ihr verraten, dass ich ihr Wichtel war. Aber – pssst! – jetzt noch nicht.

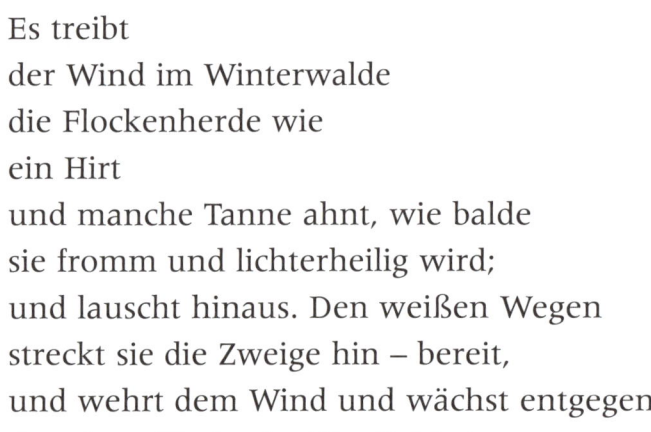

Advent

Es treibt
der Wind im Winterwalde
die Flockenherde wie
ein Hirt
und manche Tanne ahnt, wie balde
sie fromm und lichterheilig wird;
und lauscht hinaus. Den weißen Wegen
streckt sie die Zweige hin – bereit,
und wehrt dem Wind und wächst entgegen
der einen Nacht der Herrlichkeit.

Rainer Maria Rilke

4. DEZEMBER

Von Barbarazweigen und Frühling im Winter

Am vierten Dezember hat meine Freundin Barbara Geburtstag. Ihre Familie ist katholisch, und Barbara heißt Barbara, weil an ihrem Geburtstag der Tag der heiligen Barbara ist.

Wenn wir zur Kinderparty bei ihr eingeladen sind, dann essen wir zuerst ganz normal Kuchen und Plätzchen und tun all das, was man bei Kinderpartys so tut. Aber dann kommt was, das wir nur an ihrem Geburtstag machen: Wir gehen in den Garten und schneiden Zweige ab: Barbarazweige.

Jeder von uns bekommt eine Schere oder ein scharfes Messer und der Vater von Barbara, Herr Königspeter, geht mit uns zu den Obstbäumen. Die Königspeters haben ganz viele verschiedene Bäume: einen Kirschbaum, einen Apfelbaum, einen Mirabellenbaum, einen Pflaumen- und einen Birnbaum. Und wir dürfen uns aussuchen, von welchem Baum wir einen Zweig haben wollen. Ich nehme immer einen Zweig vom Pflaumenbaum, Pflaumen sind mein Lieblingsobst und ich liebe es, diese weißliche Schicht von der Schale abzureiben und zu sehen, wie es darunter dunkelblau wird. Pflaumenblau ist auch meine Lieblingsfarbe. Ich habe einen pflaumenblauen Stuhl in meinem Zimmer.

Herr Königspeter hilft uns, die Zweige, die wir gewählt haben, abzuschneiden.

Dann gehen wir wieder rein und lassen warmes Wasser in die Badewanne laufen. Aber jetzt denkt bloß nicht, dass wir selber in die Wanne steigen und ein Bad nehmen! Das warme Wasser ist für die Zweige.

45

Denn es sind ja alles Winterzweige, hart und kalt und geduldig. Die wissen genau, wie lange sie noch warten müssen mit dem Blühen: bis zum Frühjahr. Den eisigen Frost halten sie aus, die Schneedecken und auch den Winterwind. Denn sie wissen: Irgendwann werden wir wieder blühen, weiß und duftig und wunderwunderschön.

Die heilige Barbara wusste das auch. Frau Königspeter erzählt uns dann immer die Geschichte von dieser Frau, die im dritten Jahrhundert gelebt hat. Wir kennen die Geschichte zwar schon in- und auswendig, aber trotzdem hören wir immer wieder gern zu, vor allem weil Frau Königspeter an einer bestimmten Stelle ihr Taschentuch hervorholt, um sich die Nase zu putzen. Sie ist so gerührt von der heiligen Barbara, dass sie fast weinen muss. »Die gute Barbara wurde nämlich von ihrem Vater in einen Turm gesperrt«, erzählt Frau Königspeter, »weil sie an Jesus glaubte und er nicht. Da hat sie sich in ihrer Einsamkeit einen Kirschzweig in den Trinkbecher gestellt. Mitten im Winter. Und als der Zweig dann nach einigen Wochen zu blühen begann, wusste sie: Das Leben mit Gott kann niemand zerstören und einsperren. Es blüht trotz allem!« Und das ist die Stelle, bei der Frau Königspeter sich die Nase schnäuzt. »Nicht wahr, Barbara?«

Und da nickt dann das Geburtstagskind und ich glaube, es ist sehr stolz auf seinen Namen.

Schade, dass es keine heilige Lina gibt!

Aber jetzt muss ich noch das mit dem warmen Badewasser fertig erzählen.

Wir legen die Zweige hinein. Das ist alles. Wir feiern dann weiter Geburtstag und essen Würstchen mit Kartoffelsalat, und wenn wir wieder nach Hause gehen, nehmen wir jeder unseren Zweig mit. Der ist dann schon ein bisschen aufgewärmt. Zu Hause sollen wir den Zweig dann in einer Vase ins warme Zimmer stellen. Dann denkt er: Der Frühling kommt! Und fängt ganz langsam an, sich zu regen und zu öffnen. Und bis Weihnachten kommen die Blüten aus den Knospen gesprungen und spielen Frühling.

»Wie Frühling mitten im Winter«, sagte Frau Königspeter zum Abschied zu uns, »so ist das Leben mit Gott. Und Weihnachten bedeutet genau das.«

Ich freue mich schon auf meine Pflaumenblüten. Wenn sie blühen und schimmern – das ist so schön wie Weihnachten selbst.

Marzipansterne

* 200 g Marzipanrohmasse
* Schokoglasur
* Liebesperlen, Schokolinsen, Zuckerschrift, Schokoherzen usw.
* Plätzchenausstecher
* Holzstäbchen
* Nudelholz

Rollt die fertige Marzipanrohmasse mit dem Nudelholz etwa 1,5 cm dick aus und stecht Sterne aus. Schmelzt die Schokoglasur im Wasserbad – dabei sollte euch ein Erwachsener helfen. Steckt die ausgestochenen Sterne auf Holzstäbchen und taucht sie in die Schokolade. Lasst sie am Holzstäbchen leicht antrocknen. Verziert sie anschließend mit allem Möglichen. Übrigens könnt ihr so auch Tannenbäume und Zäune für ein Lebkuchenhaus herstellen. Die Schokoladenmarzipanplätzchen, die noch nicht gleich aufgegessen wurden, sind ein wunderbares Geschenk.

Weihnachtssterne wie Schneeflocken aus weißem Papier

* Weißes Schreibmaschinen- oder Seidenpapier
* Schere
* Seidenfaden
* Weiße Perlen
* Tacker

Schneidet aus dem Papier zwei einzelne Quadrate in beliebiger Größe aus und faltet diese Quadrate entweder zuerst zur Hälfte, sodass ein Rechteck entsteht, dann nochmals in der Mitte, dann ist es wieder ein Quadrat, oder zu einem Dreieck, das ihr dann ebenfalls nochmals in der Mitte falten müsst. Nun werden unterschiedlich kleine Ecken aus dem Papier geschnitten. Faltet das eingeschnittene Papier auseinander. Die so entstandenen beiden Sterne werden in der Mitte zusammengetackert und mit einem Seidenfaden als Schlinge versehen hineingeklebt. Wenn das Papier fest genug ist, könnt ihr noch eine kleine Perle an den unteren Teil binden.

6. Dezember

Wer war der erste Nikolaus?

Im vierten Jahrhundert lebte in der Hafenstadt Myra in Kleinasien ein Bischof mit dem Namen Nikolaus. Dieser Mann hatte ein gutes Herz und half vielen Menschen, die in Not waren. Bis heute erzählt man sich Geschichten von ihm, die zeigen, wie großzügig und freundlich er war, vor allem zu den Kindern. Einmal zum Beispiel gab es eine große Hungersnot in der Stadt Myra. Die Kinder weinten vor Hunger, die Lage war aussichtslos, denn es hatte zu lange nicht mehr geregnet und das Getreide wuchs nicht. Da kam ein Schiff in den Hafen gefahren, das voll beladen war mit Korn. Der Bischof Nikolaus sprach mit dem Kapitän und bat ihn, einige Säcke davon an ihn zu verkaufen. Aber der Kapitän wollte nichts hergeben. Er hatte Angst, dass der Kaiser in Rom, dem er die Säcke bringen sollte, ihn sonst ins Gefängnis werfen würde. Da versprach ihm Nikolaus: »Wenn du uns mit Korn versorgst, wird dir nichts fehlen, sondern deine Ladung wird vollständig bleiben!« Der Kapitän zögerte, aber dann vertraute er dem freundlichen Bischof und willigte ein. Viele große Säcke Korn wurden nun an Land getragen, und tatsächlich: Die Ladung auf dem Schiff blieb dieselbe. Gott hatte ein Wunder getan, weil ein Mensch bereit war, mit anderen zu teilen, was er besaß. Einmal warf Nikolaus heimlich Goldstücke durch den Kamin einer sehr armen Familie, deren drei Töchter nicht mehr wussten, wie sie leben sollten, weil der Vater sie aus lauter Not beinahe verkauft hätte. Am

50

Morgen fanden sie die Goldstücke in ihren Strümpfen, die sie zum Trocknen in den Kamin gehängt hatten. Wie groß war da die Erleichterung! Daher kommt es, dass in manchen Ländern Strümpfe aufgehängt werden zum 6. Dezember, in die dann die Süßigkeiten gesteckt werden.

Aus diesen Geschichten hat sich später der Brauch entwickelt, die Kinder in der Nacht zum 6. Dezember zu beschenken. Denn der 6. Dezember gilt als der Todestag des heiligen Nikolaus. Der Nikolaustag erinnert uns an die Freude des Schenkens, die dieser Mann gehabt hat und die auch wir haben, wenn wir schenken, teilen und beschenkt werden.

Nikolauskerze

* *1 rote, dicke Kerze*
* *Knetwachs in Weiß, Rot und Schwarz*

Wärmt das weiße Knetwachs ein bisschen in den Händen an, bis es weich wird. Aus einem Drittel formt ihr nun einen Wulst und legt ihn unten um die Kerze, das zweite Drittel legt ihr als Mützenrand um den oberen Teil. Nun formt ihr aus dem roten Knetwachs eine Kugel für die Nase, aus dem schwarzen zwei Kugeln für die Augen. Aus dem restlichen weißen Knetwachs Augenbrauen und Bart. Das Knetwachs leicht andrücken und in noch warmem Zustand ein bisschen verzupfen, damit es nach Haaren und Fell aussieht.

Lasst uns froh und munter sein

Text: aus dem Hunsrück
Melodie: Aus dem Rheinland

1. Lasst uns froh___ und___ mun - ter sein

und uns recht___ von___ Her - zen freun.

Lus - tig, lus - tig, tra - la - la - la - la,

bald ist Ni - klaus - a - bend da,

bald ist Ni - klaus - a - bend da!

Dann stell ich den Teller auf,
Niklaus legt gewiss was drauf.
Lustig, lustig, tralalalala,
bald ist Niklausabend da,
bald ist Niklausabend da!

53

Wenn ich schlaf, dann träume ich,
jetzt bringt Niklaus was für mich.
Lustig, lustig, tralalalala,
bald ist Niklausabend da,
bald ist Niklausabend da!

Wenn ich aufgestanden bin,
lauf ich schnell zum Teller hin.
Lustig, lustig, tralalalala,
jetzt ist Niklausabend da,
jetzt ist Niklausabend da!

Niklaus ist ein guter Mann,
dem man nicht g'nug danken kann.
Lustig, lustig, tralalalala,
heut' ist Niklausabend da,
heut' ist Niklausabend da!

Nikolausstiefel aus Pappmaché

* *Zeitungen*
* *Tapetenkleister*
* *Pinsel*
* *Besenstiel*
* *Bastelfarbe in Rot und Weiß*
* *Bastelfarbe in Weiß, irisierend (schillernd)*
* *Weiche, bewegliche Gummistiefel*

Zuerst rührt ihr den Tapetenkleister nach Packungsanweisung an, denn er muss einige Minuten aufquellen. In der Zwischenzeit könnt ihr die Zeitungen in unterschiedlich große Schnipsel reißen. Nun nehmt ihr einen Gummistiefel und pinselt ihn stückweise mit dem Tapetenkleister ein und legt die Zeitungsschnipsel überlappend darauf. Bedeckt den Gummistiefel mit fünf bis sechs Schichten und lasst ihn dann, aufgespießt auf einem Besenstiel, trocknen. Nach ein bis zwei Tagen könnt ihr den Gummistiefel herausnehmen. Sollte das schwierig sein, so schneidet den Pappmachéstiefel hinten längs auf, entnehmt den Gummistiefel und repariert das Pappmaché wieder mit einigen bekleisterten Zeitungsschnipseln. Auch abstehende Ecken oder Löcher lassen sich im Nachhinein noch ausbessern. Lasst den Stiefel dann noch einmal trocknen. Nun könnt ihr den Stiefel zuerst überall weiß bemalen, das nennt man grundieren, dann den einen Teil in Rot anmalen und den anderen in dem schillernden Weiß. Jetzt könnt ihr ihn vor die Tür stellen, damit der Nikolaus ihn füllt.

Nikolausplätzchen

* 250 g Mehl
* 1 TL Backpulver
* 180 g Butter
* 1 Prise Zimt
* Schale einer halben Zitrone
* 3 EL Zucker
* Päckchen Vanillezucker
* Zitronensaft
* Puderzucker
* Backpapier
* Lebensmittelfarbe in Rot
* Liebesperlen
* Kokosflocken
* Geschenkbändchen
* Zuckerschrift in Weiß
* Moosgummi
* Kugelschreiber
* Schere
* Messer

Zuerst mischt ihr das Mehl mit dem Backpulver, dann knetet ihr mit der in Flöckchen geschnittenen Butter und den Gewürzen das Ganze zu einem glatten Teig. Stellt den Teig 1 Stunde kalt. In der Zwischenzeit nehmt ihr die Form für die Schablone von der Zeichnung ab, übertragt sie auf das Moosgummi und schneidet sie aus.

Nach der Ruhezeit rollt ihr den Teig auf 0,75 cm aus und schneidet die Grundform nach der Moosgummischablone aus. Pikst ein Loch in den oberen Teil der Plätzchen und backt sie bei 180° etwa 12 Minuten.

Nach dem Abkühlen vermischt ihr etwas Zitronensaft mit Puderzucker und der roten Lebensmittelfarbe und zieht dem Nikolaus eine rote Mütze an. Wenn diese trocken ist, bekommt seine Mütze noch einen weißen Rand und er einen schönen Bart. Dazu bestreut ihr den unteren Rand der Mütze und den Bart schnell noch mit Kokosflocken und malt ihm ein Gesicht aus Zuckerschrift und Liebesperlen. Schon könnt ihr ihn mit einem Geschenkband aufhängen oder verschenken.

Knecht Ruprecht

Von drauß' vom Walde komm ich her;
Ich muss euch sagen, es weihnachtet sehr!
Allüberall auf den Tannenspitzen
Sah ich goldene Lichtlein sitzen;
Und droben aus dem Himmelstor
Sah mit großen Augen das Christkind hervor;
Und wie ich so strolcht' durch den finstern Tann,
Da rief's mich mit heller Stimme an:
»Knecht Ruprecht«, rief es, »alter Gesell,
Hebe die Beine und spute dich schnell!
Die Kerzen fangen zu brennen an,
Das Himmelstor ist aufgetan,
Alt' und Junge sollen nun
Von der Jagd des Lebens einmal ruhn;
Und morgen flieg ich hinab zur Erden,
Denn es soll wieder Weihnachten werden!«
Ich sprach: »O lieber Herre Christ,
Meine Reise fast zu Ende ist;
Ich soll nur noch in diese Stadt.
Wo's eitel gute Kinder hat.«
»Hast denn das Säcklein auch bei dir?«
Ich sprach: »Das Säcklein, das ist hier:
Denn Äpfel, Nuss und Mandelkern
Essen fromme Kinder gern.«

»Hast denn die Rute auch bei dir?«
Ich sprach: »Die Rute, die ist hier;
Doch für die Kinder nur, die schlechten,
Die trifft sie auf den Teil, den rechten.«
Christkindlein sprach: »So ist es recht;
So geh mit Gott, mein treuer Knecht!«

Von drauß' vom Walde komm ich her;
Ich muss euch sagen, es weihnachtet sehr!
Nun sprecht, wie ich's hierinnen find!
Sind's gute Kind, sind's böse Kind?

Theodor Storm

Und woher kommt der Weihnachtsmann?

Irgendwann reichte es den schlauen Erwachsenen nicht mehr, den Kindern am Nikolaustag einfach nur eine Freude zu machen. Nein, sie fanden: Kinder muss man erziehen, am besten indem man sie belohnt oder bestraft. Der Nikolaus bekam also eine Aufgabe. Er durfte den braven Kindern weiterhin Geschenke bringen, aber die unartigen Kinder sollte er bestrafen. Weil zum guten Nikolaus das Strafen aber gar nicht passte, bekam er einen Begleiter an die Seite gestellt, den griesgrämigen, etwas unheimlichen Knecht Ruprecht. Der sollte den Kindern Angst einjagen, damit sie sich möglichst brav verhielten. Er hatte ein rußgeschwärztes Gesicht und eine Rute dabei, mit der er den Kindern auf die Hand hauen konnte. Aber er war ja gleichzeitig ein Knecht des Nikolaus: Er musste den Sack mit den Geschenken schleppen und hatte letztlich nicht viel zu sagen. Denn der Nikolaus war umso freundlicher, je düsterer der Knecht auftrat.

Im 19. Jahrhundert wurde allmählich aus diesen beiden Figuren eine Neue: der dicke gemütliche Weihnachtsmann, der den Kindern die Geschenke bringt und auch mal halb ernst das Einmaleins abfragt. Die Coca-Cola-Werbung aus Amerika hat ihn dann seit 1932 mit dem roten Mantel und dem weißen Rauschebart ausgestattet, so wie er heute schon ab September überall in den Supermärkten verkauft wird. Vom Geheimnis des heiligen Nikolaus weiß dieser Weihnachtsmann leider nichts mehr.

Gefilzte Nikoläuse

* Kardierte Filzwolle in Rot und Weiß
* Olivenseife zum Filzen
* Schale mit heißem Wasser
* Essigwasser
* 2 schwarze Perlen, 1 rote
* Nähfaden in Schwarz

Erst einmal muss man die Wolle in kleine Portionen zupfen. Dann bereitet ihr mit viel Seife und möglichst warmem Wasser eine Seifenlauge zu und macht aus der Wolle einen Ball. Um diesen Ball müsst ihr dann immer einmal kreuz und einmal quer die Filzwolle legen, zuerst nur die rote. Immer leicht andrücken, dann vorsichtig anreiben und fester reiben, bis die Wollschichten miteinander verbunden sind. Nehmt dazu immer wieder etwas Seifenwasser. Nach einiger Zeit kann man aus dem Ball einen Kegel formen. Die eine Seite solltet ihr spitz auslaufen lassen, die andere rund, damit der Nikolaus stehen kann. Nun könnt ihr anfangen, dem Mann ein nettes Gesicht anzufilzen, mit einem weißen Bart und dicken Augenbrauen. Dazu die entsprechende Filzwolle zuerst leicht andrücken, dann mit dem Seifenwasser fester anfilzen. Die Enden des Bartes müssen nicht vollständig ausgefilzt sein. Die Mütze bekommt noch einen weißen Rand und auch der Mantel wird noch weiß eingefasst. Auch die Dekoration sieht besonders schön aus, wenn sie noch ein bisschen zottelig ist. Wenn alles gut miteinander verbunden ist, die Zopfprobe machen, indem ihr versucht, vom Körper einzelne Fasern abzuzupfen. Geht das nicht mehr, so könnt ihr die Seifenlauge auswaschen. Damit die Wolle schön glänzt, sollte das letzte Waschwasser mit ein bisschen Essig versehen sein. Nase und Augen werden als Perlen aufgenäht.

Lina und der hungrige Nikolaus

Es war noch sehr früh am Morgen des 6. Dezember. Als ich aufwachte, dachte ich, mein Zimmer wäre eingefroren, so kalt war es. Schnell stand ich auf und machte das Fenster zu und drehte die Heizung auf. Es war noch dunkel draußen. Auf der Fensterscheibe blühten Eisblumen! Aber weil mir so kalt war, schlüpfte ich schnell wieder unter die Bettdecke. Während ich da so lag und vor mich hin kuschelte und gar nicht daran dachte, dass heute Nikolaustag war, waren plötzlich draußen im Garten Geräusche zu hören: Zuerst ging das Gartentor auf, quietsch, quietsch, dann schlurften schwere Schritte den Weg bis zur Haustür runter und blieben dort stehen. Ich hielt den Atem an und spürte nur, wie mein Herz laut pochte. Wer war das? Ein Einbrecher? Aber die kamen doch nicht am Morgen, sondern nachts, oder? Und jetzt raschelte da sogar etwas, das

konnte ich genau hören, denn mein Zimmer liegt neben dem Hauseingang. Puh, mir wurde ganz anders. Und schlurf, schlurf, schlurf gingen die Schritte wieder weg, das Gartentor quietsch, quietsch fiel zu. Und es war wieder still. Wer war das, bitte schön?

Da fiel mir wie ein Blitz vom Himmel der Nikolaus ein.

Eigentlich glaube ich ja nicht mehr wirklich daran, dass er es ist, der unsere Stiefel am 6. Dezember füllt. Das sind natürlich Mama, Papa und Oma. Aber das sage ich Mia nicht, denn sie glaubt
noch ganz und gar an den Nikolaus. Ich
früher auch, aber doch
jetzt nicht

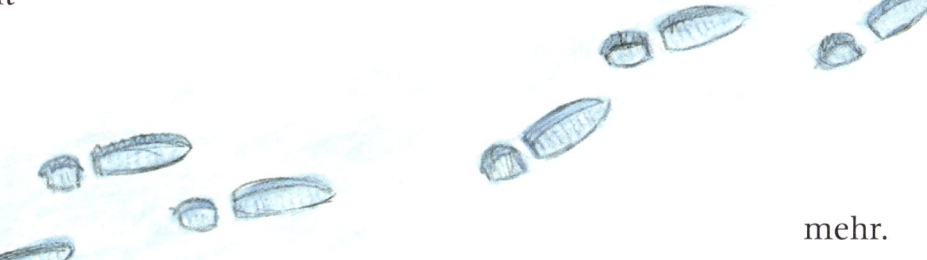

mehr.
Nur – wer sollte es
denn sonst sein?
Am besten, ich schaute einfach mal nach. Ich
stand auf und zog mir Wollstrümpfe an und meinen dicken roten Pullover über den Kopf, machte im Flur Licht und ging leise zur Haustür. Es war richtig aufregend. Irgendwie kam ich mir vor wie im Buch, wie ein Mädchen, das plötzlich Spuren findet von anderen Wesen, die es eigentlich auf dieser Erde gar nicht gibt.

Nun muss ich dazu sagen: Wir stellen unsere Stiefel immer nach draußen auf die Treppe vor der Haustür. Das hat Lorenz so bestimmt, als er drei Jahre alt war. Er hat gesagt: »Der Nikolaus hat doch keinen Hausschlüssel. Wie soll er denn dann an unsere Stiefel kommen, wenn die hier drinnen stehen?« Da hatte er natürlich recht. Und seither stellen wir die Schuhe nach draußen. Die Schokolade und Nüsse sind dann immer eiskalt, wenn wir sie morgens finden. Aber das muss so sein. Dann fühlen sie sich nach kalter Nikolausnacht an und geheimnisvoll.

Ich öffnete die Haustür. Da standen unsere Stiefel, von jedem Kind einer. Aus Lorenz' Stiefel ragte ein kleiner Tannenzweig, an dem eine Schokoladenlaterne hing. Er war bis oben gefüllt, das konnte ich sehen, und Mias kleiner gelber Stiefel auch. Und da war mein großer Stiefel mit dem braunen Pelzbesatz oben. Aber was war das? Der sah ja aus, als sei gar nichts drin?! Ich bückte mich und schaute genauer hinein. Er war leer! Da war überhaupt nichts drin!!!

Wie bitte? Wieso war ich leer ausgegangen? Wieso hatte der Nikolaus mir nichts gebracht?

Jetzt war ich wütend. Richtig wütend, und zwar auf den Nikolaus. Und ich war überzeugt davon, dass diese schlurfenden Schritte von vorhin seine gewesen waren. Er war gekommen und hatte die Kinderstiefel der ganzen Gegend mit leckeren Süßigkeiten gefüllt, nur meinen nicht. So eine Gemeinheit!

Ich machte die Haustür zu, ziemlich laut, damit die verschlafene Familie Stubenbauer endlich aufwachte und sah, was passiert war, und ging in die Küche. Jetzt brauchte ich erst mal Nutella, ganz viel. Als ich so da saß und Esslöffel für Esslöffel abschleckte, kam Oma herein. Sie macht ja immer unser Frühstück.

»Na, Lina, so früh schon beim Nutellaglas?«, sagte sie.

»Irgendwas muss ich ja essen!«, schnaubte ich. »Wenn in meinem Stiefel nichts drin ist!«

Oma wollte gerade einen Kaffeefilter in die Maschine tun, drehte sich aber jetzt ganz erstaunt zu mir um. »Was sagst du da?«

»Der Nikolaus ist gekommen und hat Lorenz und Mia was gebracht. Und mir nicht!«

»Das kann nicht sein!«, platzte Oma heraus. »Ich habe doch … ich war doch … der Nikolaus hat doch …! Ich habe doch alle drei Stiefel …!« Sie rannte zur Haustür. Ich hinterher. Tür auf. »Guck doch, Oma!«, rief ich.

Völlig verblüfft stand sie da und schüttelte den Kopf. »Das muss jemand wieder herausgenommen haben!«

Da erzählte ich ihr von den schlurfenden Schritten. Uns

wurde ganz mulmig zumute. Was für ein komischer Nikolaus musste das gewesen sein?

Beim Frühstück, als Mia und Lorenz fröhlich ihre Stiefel geleert hatten, berieten wir, was zu tun war. Wir mussten auf jeden Fall herausfinden, wer den Stiefel geplündert hatte. Papa meinte, ich sollte einen Zettel an die Bäume in unserer Gegend heften: »Wer hat die Süßis aus meinem Stiefel geklaut?« Oder: »Lieber Nikolaus, du hast mich vergessen! Bitte fülle doch meinen Stiefel! Deine Lina Stubenbauer.«

Als ich dann in der Schule davon erzählte, meinten die aus meiner Klasse, ich sollte die Polizei einschalten. Aber das fand ich doof. Ich wollte doch nicht, dass einer wegen meiner Süßis ins Gefängnis kam. Nee, lieber schrieb ich so einen Zettel.

Anna und Linus gingen gemeinsam mit mir nach Hause. Wir liefen die Anemonenstraße runter und kamen an dem Zeitungskiosk vorbei, an dem immer die Männer mit den roten Schnapsnasen sitzen und laut reden. Und da saß einer allein auf der Bank und schälte gerade

das Silberpapier von einem Schokoladennikolaus ab. Wie angewurzelt blieb ich stehen und hielt Anna am Ärmel fest.

»Genau so einen Nikolaus hat Lorenz gekriegt!«, flüsterte ich.

»Nicht hingehen!«, flüsterte Linus. »Vielleicht hat er ein Messer!«

Der Mann biss jetzt dem Nikolaus den Kopf ab. Er kaute und man sah ihm an, dass es ihm schmeckte. Vorne aus den Schuhen guckten seine Zehen raus.

Wir gingen jetzt erst einmal weiter und versteckten uns hinter der nächsten Ecke.

»Zwei von uns bleiben hier und bewachen den Kerl, der andere rennt heim und holt Verstärkung!«, schlug Linus vor.

Anna wohnte gleich um die Ecke. Sie rannte los und Linus und ich beobachteten den Mann, der jetzt eine Walnuss mit dem Schuh knackte und dann aufaß.

›Er muss großen Hunger haben‹, dachte ich.

Endlich kam Anna mit ihrer Mutter. Die Mutter hatte eine kleine Tüte dabei. Sie zeigte uns, was drin war: Vanilleplätzchen!

»Für mich?«, fragte ich und wollte schon danach greifen. Ich dachte, sie wollten mich trösten dafür, dass da vorne einer meine Nikolausgaben aufaß.

Anna schüttelte den Kopf. »Nein, die geben wir ihm!«, sagte sie mit leuchtenden Augen.

»Hä?«, machte Linus und schaute mich mit gekrauster Stirn an.

»Wie wär's?«, meinte Annas Mutter und hielt mir die Tüte hin. Mehr sagte sie nicht.

Ich wusste nicht, ob ich wirklich einverstanden war. Ich dachte gar nicht darüber nach. Ich ging einfach los mit der Tüte und Anna und Linus kamen mit, während Annas Mutter an der Ecke stand und aufpasste.

Wir blieben vor dem Mann stehen. Er leckte sich gerade die Lippen ab.

66

Ich hielt ihm die Tüte hin.

»Hier ist noch mehr«, sagte ich, »Vanillekipferl. Wenn Sie wollen.«

Er guckte mich an, nahm die Tüte und nickte. Und fing gleich wieder an zu essen. Wir schauten ihm zu, wie er alle auf einmal aufaß. Dann drehten wir uns um und gingen.

Er hatte gar nicht Danke gesagt. Vielleicht konnte er auch nicht richtig sprechen. Oder kein Deutsch. Oder er hat es vor lauter Hunger vergessen.

Wir gingen dann nach Hause und ich war nicht mehr sauer.

Als ich am nächsten Morgen meine Stiefel anziehen wollte, musste ich den einen erst mal auskippen. Denn die lieben Stubenbauers hatten ihn wieder schön gefüllt mit lauter süßen Nikolausgaben. Auch wenn heute schon der 7. Dezember war.

Aber die eigentliche Überraschung kam erst, als ich die Haustür öffnete und zur Schule gehen wollte. Da entdeckte ich nämlich auf der Treppe zwei Walnüsse mit Kapuzen aus Blättern und mit Gesichtern,

die jemand mit rotem Buntstift drauf gemalt hatte. Es waren lustige Gesichter. Sie lachten.

Lorenz sagte, er war das nicht, er hat die da nicht hingelegt.

Ich weiß, wer das war: mein Nikolaus.

Nikolausverse

Holler, boller, Rumpelsack,
Niklas trug sein Huckepack,
Weihnachtsnüsse, gelb und braun,
runzlich, punzlich anzuschaun.

(aus dem Hunsrück)

Knackt die Schale, springt der Kern,
Weihnachtsnüsse ess ich gern.
Komm bald wieder in mein Haus,
alter guter Nikolaus.

Sankt Niklas ist ein braver Mann,
bringt den kleinen Kindern was,
die großen lässt er laufen,
die können sich was kaufen.

(Volksgut)

Niklaus, komm in unser Haus,
Schütt dein goldig Säcklein aus,
Stell den Esel an den Mist,
Dass er Heu und Hafer frisst.

(aus Hessen)

Lieber guter Nikolaus,
Lösch uns unsre Vieren aus,
Mache lauter Einser draus,
Bist ein braver Nikolaus.

(aus Berlin)

13. Dezember

Die heilige Lucia

Im letzten Jahr hatten wir ein Au-pair-Mädchen aus Schweden, sie hieß Elsa und passte auf uns Kinder auf und half Mama im Haushalt. Ich fand Elsa sehr nett. Am Anfang sprach sie noch nicht gut Deutsch, aber am Schluss verstand sie schon viel und wir konnten herrlich Quatsch mit ihr machen. Als dann die Adventszeit kam, erzählte Elsa mir, dass sie am 13. Dezember in Schweden ein ganz besonderes Fest feiern, ein Fest des Lichts, das die Menschen dort auf Weihnachten vorbereitet. Es ist das Fest der heiligen Lucia. Elsa hat mir die Geschichte dazu erzählt. Lucia war eine junge Frau, die im 3. Jahrhundert in Syrakus auf der italienischen Insel Sizilien lebte. Sie glaubte an Jesus und das war damals sehr gefährlich, denn die Christen wurden verfolgt und oft sogar ermordet. Lucia ließ sich davon aber nicht abschrecken. Sie war sehr mutig und tat viel Gutes für ihre Freunde, die auch an Jesus glaubten. Nachts brachte sie ihnen zum Beispiel heimlich Essen. Und weil sie die Hände voll hatte, setzte sie sich einen Kranz mit Kerzen auf den Kopf, um im Dunkeln den Weg zu finden. Sie brachte den Freunden also nicht nur Essen, sondern auch Licht, so wie Jesus, und das passte gut zu ihrem Namen. Denn Lucia bedeutet »die Leuchtende«. Später musste Lucia für ihren Glauben mit dem Leben bezahlen: Sie wurde umgebracht.

»Bei dem Fest, das die Leute zur Erinnerung an diese Lucia am 13. Dezember feiern, setzt sich immer die älteste Tochter in jeder Familie so einen Kranz mit brennenden Kerzen auf den Kopf, zieht ein weißes Gewand an und weckt die ganze Familie am frühen Morgen mit süßem Gebäck«, erzählte Elsa. Und da rief ich: »Ich bin hier die älteste Tochter! Ich möchte das auch machen! Und morgen ist der 13. Dezember!«

Elsa half mir dabei, einen Kranz aus grünem Krepppapier zu basteln, auf dem wir ein paar Kerzen befestigten. Wir sagten aber niemandem etwas davon! Am nächsten Morgen weckte Elsa mich ganz früh, alle schliefen noch. Ich zog mir ein weißes Nachthemd von Oma über und Elsa setzte mir den Kranz auf den Kopf und zündete die Kerzen an. Mir war etwas mulmig zumute, denn ich wollte ja nicht, dass mir mein Haar anbrannte oder das heiße Wachs auf meine Nase tropfte. Ich traute mich zuerst gar nicht, mich zu bewegen und loszugehen, aber Elsa flüsterte: »Der Kranz sitzt gut, nun geh schon, ich komme leise hinterher!« Da nahm ich den Brotkorb, den wir am Abend vorher mit süßen Honigkuchen gefüllt hatten. Den hatten Elsa und ich noch extra im Supermarkt gekauft. Und so ging ich ganz langsam Schritt für Schritt durch den dunklen Flur zum Schlafzimmer von Mama und Papa. Elsa öffnete mir die Tür, ich ging hinein. Papa schnarchte. Mamas Kopf war tief im Kissen vergraben, ich konnte nur ihre zerzausten Haare sehen. Die beiden merkten gar nicht, dass ich da stand und so wunderschön leuchtete.

»Und was jetzt?«, flüsterte ich Elsa zu. »Die wachen ja gar nicht auf!«

»Sing was!«, flüsterte sie zurück.

Da sang ich »Der Kuckuck und der Esel«. Elsa fing furchtbar an zu lachen. Sie versuchte zuerst, leise zu lachen, und hielt sich die Hand vor den Mund, aber ich hörte, wie das Lachen durch die Finger hindurchbrechen wollte, und da rannte Elsa hinaus, ins Bad, schlug die Badezimmertür zu und lachte dort weiter. Man konnte es genau hören, Elsa hatte ein sehr lautes kullerndes Lachen. Aber ich sang einfach weiter, denn es lohnte sich: Mama und Papa guckten verschlafen auf. Endlich! Mama rieb sich die Augen, als könnte sie nicht ganz glauben, was sie sah.

»Träume ich noch oder stehst du da, Lina, und brennst?«

»Nein, das bin nicht ich«, sagte ich, »das ist die heilige Lucia.«

Dann platzte Lorenz ins Zimmer. Er starrte mich an und sagte: »Wieso hast du Kerzen auf dem Kopf? Spielst du Adventskranz?« Aber als er den Honigkuchen entdeckte, interessierte er sich nur noch dafür und nahm sich drei Stück auf einmal.

»Fein, Kind, fein!«, brummte Papa verschlafen. Der Honigkuchen schien ihn nicht sehr zu verlocken, er schnarchte schon wieder. Er kommt morgens immer ganz schlecht in die Gänge.

Jetzt kam Elsa wieder aus dem Badezimmer. Lorenz sprang ihr sofort auf den Rücken wie immer, dabei verlor er die Hälfte vom Honigkuchen. Ich stand immer noch da und brannte und fühlte mich sehr heilig, aber ich glaube, meine Familie kapierte wirklich gar nichts. Da fiel mir ein, dass ich ja noch Mia wecken musste und Oma.

Langsam schritt ich aus dem Zimmer und ging nach nebenan zu Mia.

Mia schlug gleich die Augen auf, als ich reinkam. Dieses Mal sang ich »Suse, liebe Suse«. Mia stand in ihrem Gitterbett auf und sprang begeistert auf und ab. Ich gab ihr ein Stück Honigkuchen und wollte dann zu Oma gehen. Sie wohnt eine Treppe höher. Puh, würde ich mit den Kerzen die Treppe raufkommen?

Aber da kam Oma mir schon entgegen. Sie steht immer sehr früh auf und sie war schon fix und fertig angezogen und frisiert und duftete nach Parfum und wollte das Frühstück für uns alle machen.

»Die heilige Lucia!«, rief sie und schlug die Hände zusammen. »Wie schön!«

Ich hielt ihr den Korb mit dem Honigkuchen hin und machte einen feinen, tiefen Knicks, denn endlich merkte hier jemand, was für eine besondere Person ich war. Meinen Kopf hielt ich dabei gerade wie eine Prinzessin, denn ich hatte ja auch eine Krone auf dem Kopf. Eine Lichterkrone eben.

»Als ich ein junges Mädchen war, habe ich mal einen Skikurs in Schweden mitgemacht«, erzählte Oma mir, während sie den Honigkuchen kaute. »Da durfte ich bei diesem Fest die heilige Lucia sein. Stell dir vor, Lina, mir ist dabei das Wachs nur so auf meine langen Haare getropft. Das bekam man hinterher nicht mehr raus und ich habe mir kurzerhand einen Bubikopf schneiden lassen. Das fand mein Vater dann gar nicht gut. Aber mir gefiel es!«

Lorenz kam angesaust. »Was, du hattest mal lange Haare, Oma? Und du hast dir auch so einen Adventskranz auf den Kopf gesetzt?«

»Ja, Kinder, ich war mal jung! Sehr jung!«, sagte sie und lächelte. Dann ging sie in die Küche und summte ein Lied. Und ich fand, dass sie gerade jetzt ganz jung aussah.

So war das mit Elsa und der heiligen Lucia. Es hat mir Spaß gemacht, aber ich glaube, meine Familie ist irgendwie nicht schwedisch genug für dieses Fest. Wenn sie wieder eine heilige Lucia haben wollen, dann sollen sie sich eine bei Ikea kaufen.

Rauschgoldengel aus Goldpapier

* *Goldpapier*
* *Wattekugel*
* *Engelshaar*
* *Filzstift in Schwarz und Rot*
* *Bleistift*
* *Schere*
* *Doppelseitiges Klebeband*
* *Holzstäbchen*
* *Pfeifenputzer*
* *Kleine Kerze*

Für das Gewand des Engels faltet ihr ein etwa 40 cm langes und 15 cm breites Stück Goldpapier zieharmonikaartig zusammen. Nehmt die Flügelvorlage von Seite 130 und übertragt sie auf die Goldfolie. Faltet die Folie in der Mitte zusammen und legt die Vorlage für die Flügel mit der geraden Seite an den Falz. Schneidet sie doppelt aus, sodass die Flügel in der Mitte zusammenhängen. Malt nun der Wattekugel mit den Filzstiften ein Engelsgesicht auf, steckt die Kugel auf das Holzstäbchen und klebt die Engelshaare mit dem doppelseitigen Klebeband auf. Klebt die Flügel und einen Pfeifenputzer für die Arme von hinten an das gefaltete Gewand und biegt die Pfeifenputzerenden als Arme nach vorne. Steckt zum Schluss noch das Engelsköpfchen hinein. Nun müsst ihr den Kopf nur noch ein bisschen mit dem doppelseitigen Klebestreifen befestigen, den Holzstab unter Umständen kürzen und die kleine Kerze zwischen die Pfeifenputzerhände stecken und fertig ist der Rauschgoldengel. Aber Vorsicht! Die kleine Kerze solltet ihr nicht anzünden.

MITTE DEZEMBER

Chanukka, das jüdische Lichterfest

Die Juden feiern nicht unser christliches Weihnachtsfest, sie feiern im Winter das Chanukkafest und das dauert acht Tage lang. Dabei geht es um Licht und um ein Wunder, das vor über 2000 Jahren geschehen ist. Im Jahr 165 vor der Geburt Jesu hatten die Juden etwas Großartiges zu feiern: Sie hatten endlich ihren alten Tempel in Jerusalem zurückerobert.

Jahrelang war der Tempel in der Hand ihrer Feinde gewesen, aber nun hatten die Juden über sie gesiegt und konnten ihren Tempel wieder besuchen und dort die Feste feiern, die zu ihrem Glauben gehören. Doch zuerst musste er nun gereinigt und neu geweiht werden. In ihrer hebräischen Sprache heißt das »Chanukka« – »Einweihung«. Dafür brauchten sie ihren siebenarmigen Leuchter, genannt »Menora«. Die sieben Lichterflammen der Menora sollten mit Öl brennen. Aber zu ihrem Schrecken stellten die Juden fest, dass sie viel zu wenig Öl besaßen. Das würde ja nur für einen Tag reichen und damit wäre der Tempel noch lange nicht eingeweiht!

Was sollten sie tun?

Sie zündeten den Leuchter mit dem wenigen Öl an, das sie hatten – und da geschah ein Wunder: Das Licht ging nicht aus! Das Öl ging einfach nicht zu Ende! Acht Tage lang brannten die Lichter. Aus diesem Grund wird Chanukka heute noch acht Tage lang gefeiert mit dem speziellen Chanukka-Leuchter. Die Kinder bekommen an jedem dieser Tage Geschenke, Süßigkeiten und Münzen und dürfen die Lichter des Chanukka-Leuchters anzünden, der in jedem jüdischen Haus ans Fenster gestellt wird. Dabei wird jeden Tag ein Licht mehr angezündet, bis alle acht Lichter brennen. Es werden Lieder gesungen, Texte aus der Thora gelesen, der jüdischen Bibel, und leckere Speisen gegessen, die in Öl gebacken werden, z. B. Kartoffelpuffer mit Apfelmus und saurer Sahne.

So feiern die Juden das Wunder des Lichtes, das nicht ausgeht. Weil Gott dafür sorgt, dass es brennt, ist es ein Licht der Hoffnung.

Adventsfenster

In manchen Dörfern und Stadtvierteln gibt es seit ein paar Jahren einen neuen Brauch zur Adventszeit. 24 Häuser tun sich zusammen und bilden eine Art Adventskalender: An jedem Tag vom 1. bis zum

24. Dezember öffnet immer eins der Häuser ein Fenster. Diese Fenster müssen möglichst zu einem freien Platz oder einer gut erreichbaren Stelle zeigen. Am besten eignen sich also Rathäuser oder das Haus des Optikers, die Bäckerei, die Metzgerei oder das Gebäude der Diakonie, solche Häuser also, die alle Einwohner gut kennen und die man nicht leicht übersieht, weil man beim Einkaufen daran vorbeikommt. Bevor

sie aber ihre Fenster öffnen, müssen sie diese erst einmal gut verschließen, mit dem Fensterladen dicht machen, mit dem Rollladen oder einem Vorhang. Erst wenn sie an der Reihe sind, dürfen sie sich öffnen. Das wird an einem Abend in der Adventszeit sein. Jeden Abend in der Dunkelheit ein Fenster, ein Licht, eine Station weiter auf dem Weg in Richtung Weihnachten. Und wer geht hin zu diesen Stationen? Das kann jeder, der hier lebt. Menschen, die ihren Advents-Feierabend gern als etwas Besonderes feiern wollen: als einen Moment des Lichts in der immer dunkler werdenden Winterzeit; als eine

Erinnerung an Jesus, das Licht der Welt. Die Menschen versammeln sich dann unter dem jeweiligen Fenster, schauen zu, wie es aufgemacht wird, wie Licht dahinter angeht, und singen gemeinsam ein Adventslied. Vielleicht haben sie sich vorher gar nicht gekannt, haben sich nur hier unter dem Fenster in ihrem Stadtteil getroffen, für eine Viertelstunde, um Advent miteinander zu feiern. Sie schauen gemeinsam auf das Licht im Fenster, das sie zum Leben brauchen wie die Luft zum Atmen. Und weil sie das wissen und nicht einfach vorbeigehen an diesem Licht, gehören sie jetzt zusammen. Advent heißt Ankunft – und wer ankommen wird, ist Jesus, der König. Wer unter den Fenstern innehält, wartet auf den König, öffnet sich diesem König, damit er auch bei ihm einziehen kann, in sein Herz.

Ein Stadtviertel, ein Dorf, das diesen Brauch pflegt, hat verstanden, dass der Weihnachtsmarkt oder die geschmückten Schaufenster nichts bedeuten, wenn sie nichts mehr zu erzählen haben von dem Licht des Advents, von dem König, auf den wir uns gemeinsam freuen können.

Macht hoch die Tür

Text: Georg Weissel (1623) 1642 / Melodie: Halle 1704

E♭   B♭   Cm   B♭

Macht hoch die Tür, die Tor— macht weit; es

Fm   E♭   A♭   B♭   E♭

kommt der Herr der Herr - lich - keit, ein

B♭   E♭   E♭   F   B♭

Kö - nig al - ler Kö - nig - reich, ein

E♭   B♭   Cm   Gm   Cm   F   B♭   E♭

Hei - land al - ler Welt— zu - gleich, der

A♭   E♭   A♭   E♭   Fm   Cm   E♭

Heil und Le - ben mit— sich bringt; der -

A♭   E♭   Cm   Gm   A♭   E♭   Fm   C   B♭

hal - ben jauchzt, mit Freu - den singt: Ge -

A♭   E♭   Fm   E♭   B♭   E♭

lo - bet sei mein Gott,_____ mein

Fm   E♭   A♭   B♭   E♭

Schöp - fer reich— von Rat._____

Er ist gerecht, ein Helfer wert;
Sanftmütigkeit ist sein Gefährt,
sein Königskron ist Heiligkeit,
sein Zepter ist Barmherzigkeit;
all unsre Not zum End er bringt,
derhalben jauchzt mit Freuden singt:
Gelobet sein mein Gott, mein Heiland groß von Tat.

O wohl dem Land, o wohl der Stadt,
so diesen König bei sich hat.
Wohl allen Herzen insgemein,
da dieser König ziehet ein.
Er ist die rechte Freudensonn,
bringt mit sich lauter Freud und Wonn.
Gelobet sei mein Gott, mein Tröster früh und spat.

Macht hoch die Tür, die Tor macht weit,
eur Herz zum Tempel zubereit'.
Die Zweiglein der Gottseligkeit
steckt auf mit Andacht Lust und Freud;
so kommt der König auch zu euch,
ja Heil und Leben mit zugleich.
Gelobet sei mein Gott, voll Rat, voll Tat, voll Gnad.

Schneesternkarten

* *Klappkarten in den gewünschten Farben*
* *Seidenpapier oder Origamipapier in den gewünschten Farben*
* *Schere*
* *Klebstoff, bei Seidenpapier Klebestift*

Schneidet das Seiden- oder Origamipapier als 10 x 10 cm großes Quadrat aus. Faltet es nun zweimal zusammen, sodass ihr wieder ein Quadrat habt oder faltet es zweimal zu einem Dreieck. Nun könnt ihr daraus einen Schneestern machen, indem ihr die Ecken spitz zu-schneidet und Zacken in die Seiten arbeitet. Klappt ab und zu euren Schneestern auf und schaut ihn an. Wie könnt ihr ihn noch verschö-nern? Vielleicht indem ihr noch mehr und unterschiedlich große Zacken herausschneidet? Wenn ihr mit eurem Ergebnis zufrieden seid, klebt ihn im Falz auf Mitte in das Innere der Klappkarte, sodass er sich entfaltet, wenn man die Karte aufmacht.
Jetzt könnt ihr eure Weihnachtspost verschicken.

23. Dezember

Von Weihnachtsstreit und Weihnachtsfrieden

Es war am Tag vor Heiligabend. Weihnachten war also endlich ganz nah herbeigerückt, die Fenster unserer Adventskalender standen fast alle sperrangelweit offen und die Weihnachtsferien hatten gerade begonnen. Alles war so schön: Die Strohsterne baumelten überall an den Fenstern und Papa hatte gestern den Christbaum vom Markt geholt, eine mittelgroße Tanne, die jetzt noch ganz grün und leer im Wohnzimmer stand. Noch durften wir Kinder ins Wohnzimmer hinein, aber heute Abend dann nicht mehr. Dann würden Oma und Mama den Baum und das ganze Zimmer hinter der verschlossenen Tür festlich schmücken und kein Stubenbauerkind wurde mehr hineingelassen. Wir nutzten das noch ordentlich aus und atmeten den guten Duft des Tannenbaums mit der ganzen Kraft unserer drei Kindernasen ein. So gut duftete nur ein frischer Christbaum!

Ja, alles war so schön. Sogar ich hatte alle Geschenke beisammen, hatte oben in meinem Zimmer fünf Geschenke fix und fertig eingepackt, sogar eine kleine Schinkenwurst in Alufolie für Elfi, unseren Hund. Jedes Jahr denke ich: Diesmal fällt mir nichts ein, was soll ich Papa bloß schenken und Mama, was soll ich nur basteln, puh, dieser Stress! Aber dieses Mal hatte die Zeit gereicht. Für die Großen hatte ich Fensterbilder gemacht und für Lorenz und Mia lustige Tattoos gekauft.

Es hätte so schön sein können – jawohl, wenn Lorenz nicht gewesen wäre!

Der kam zu mir und sagte: »Ätsch, Papa hat gesagt, ich darf die Weihnachtskrippe aufstellen!«

Das fand ich schon mal gemein, denn die hätte ich gern aufgestellt, und überhaupt bin ich ja die Älteste.

Ich wollte gerade schon losmeckern, da kam Papa und sagte: »Macht ihr das mal beide zusammen!«

Und das versuchten wir auch. Und es klappte genauso, wie man mit Lorenz etwas zusammen machen kann: nämlich gar nicht.

Als Erstes verwechselte Lorenz den Josef mit dem König Melchior. Das ist der mit dem schwarzen Gesicht, der Mohr! Er stellte ihn neben Maria an die Futterkrippe mit dem Jesuskind.

Ich sagte: »He, Lorenz, das ist der Mohr, das ist doch nicht Josef!«

»Weiß ich«, sagte Lorenz, »aber dieses Jahr ist der Josef eben mal ein Mohr.«

»Nein!«, rief ich. »Dann haben wir für die drei Heiligen Könige doch keinen Mohr mehr!«

»Na und?«, meinte Lorenz. »Dann sind die eben alle hellhäutig dieses Mal.«

Ich wollte aber einen dunkelhäutigen König. Gerade der Melchior ist doch mein Lieblingskönig! Er hat so schöne goldene Ohrringe.

»Ein Josef mit goldenen Ohrringen! So ein Quatsch!«, sagte ich und nahm den Mohr von seinem falschen Platz weg.

Da ging Lorenz auf mich los und versuchte, mir die Figur aus der Hand zu reißen.

Wir zankten uns und balgten uns und schrien uns an, bis Oma und Mama aus der Küche gerannt kamen.

»Was ist denn hier los?«, fragte Mama.

Da nahm ich mir erst einmal fest vor, dass ich nicht nachgeben würde, auf keinen Fall! Denn wenn hier die Klügere wieder mal nachgeben würde, dann liefe das nur auf eine Verfälschung der Weihnachtsgeschichte hinaus! Das ging doch nicht! Nein, in diesem Fall musste die Klügere den Streit einfach gewinnen, und damit basta.

Es dauerte ziemlich lang, bis ich die ganze Geschichte erzählt hatte. Lorenz unterbrach mich ja ständig, wie immer, und schrie: »Der Mohr soll Josef sein!«

Und mittendrin kam Mia an und nahm den kleinen Stall mit dem echten Strohdach und lief damit irgendwohin. Aber keiner lief ihr nach, weil Lorenz und ich uns nicht einigen konnten. Und dann roch es auf einmal so komisch. Da war das Fleisch angebrannt und Oma rannte in die Küche und riss das Fenster auf und jammerte: »Oh nein, oh nein, die gute Pute!«

Und als Papa jetzt dazukam, schimpfte Mama: »Joachim, wie konntest du Lina und Lorenz nur erlauben, die Krippe gemeinsam aufzustellen!? Dass das nicht gut gehen würde, müsstest du doch wissen!«

Und Papa wurde wütend und sagte: »Die beiden sind doch wohl alt genug, um vernünftig die Krippe aufzustellen!«

Und ich schrie: »Ja, ich schon, aber Lorenz doch nicht!«

Und weil keiner Mia nachgelaufen war, konnte auch keiner den Stall retten, denn sie setzte sich natürlich darauf, weil er ja aussieht wie ein Mini-Hocker, und er krachte – krax! – zusammen.

Da heulte ich los, weil jetzt Weihnachten kaputt war.

In diesem Augenblick klingelte es an der Haustür.

Mia hüpfte zur Tür und rief immerzu: »Jetzt kommt das Christkind! Jetzt kommt das Christkind!«

Es war aber bloß der Postbote, der Herr Kobold. Mit drei Paketen. Papa sagte zu ihm: »Sie kommen wie gerufen. Wir haben hier gerade eine sehr schöne Bescherung.«

»Der übliche Weihnachtsstreit?«, fragte Herr Kobold. Papa nickte betrübt.

Mama brachte den heißen Kakao mit Rum, den Herr Kobold jedes Jahr an diesem Tag bei uns bekommt. Er setzte sich auf den Telefonhocker und pustete in die Tasse.

»Was heißt Frieden auf Erden?«, murmelte er und trank einen Schluck.

Dann fing er an zu erzählen.

»Mein Großvater war im Krieg. An der Front, da wo es ganz schlimm zugeht. Es war Heiligabend. Die Soldaten hockten in ihren Schützengräben. Kalt war es, so kalt, dass den armen Kerlen die Zehen einfroren. Eine furchtbare Zeit! Aber weil Weihnachten war, gab es einen Waffenstillstand. Keiner durfte auf den anderen schießen. Es war ruhig. Und plötzlich kamen die Feinde aus ihren Gräben gekrabbelt und liefen rüber zu unseren Soldaten und gaben ihnen die Hand. ›Frieden auf Erden‹, sagten sie. Gestern noch hatten sie aufeinander geschossen. Aber jetzt: Frieden. Das ist Weihnachten.«

Wir hatten alle zugehört. Oma stand da mit dem Bratenwender. Lorenz mit dem Melchior in der Hand.

Als Herr Kobold seinen Kakao ausgetrunken hatte, ging er wieder.

Lorenz kam zu mir und drückte mir den König in die Hand. »Frieden«, sagte er.

»Hm.« Ich nickte. »Der Mohr kann ruhig auch mal Josef sein.«

Auf einmal war diese Weihnachtsfreude wieder da.

Und sie war noch größer als vorher. Ich verstand jetzt: Weihnachten heißt nicht, dass alles schön aussieht und es viele Geschenke gibt. Weihnachten heißt Frieden, im Herzen und miteinander.

Das hat ja auch Gottes Engel zu den Hirten gesagt: Frieden auf Erden!

Lorenz und ich beschlossen, dass der Melchior dieses Jahr nicht Josef ist und nicht König. Er ist der Weihnachtsengel. Ein schwarzer Weihnachtsengel mit goldenen Ohrringen. Er kommt gerade von der Front. Und er heißt Herr Kobold.

Die fröhliche Christtagslitanei (in Auszügen)

Wär er doch in unsrem Land geboren,
Der, von dem wir bei Sankt Lukas lesen,
Ach, wir wollten Hausung ihm bereiten,
Dass er's nirgends besser finden könnte.
Nicht müsst Josef einmal, zweimal, dreimal
Ganz vergeblich an die Haustür klopfen,
Nicht Maria mühsam sich am Pfosten,
An der Kälberkette mühsam halten,
Nicht das heilige Kind im Stroh sich betten.

Meinet ihr, wir ließen das geschehen,
Dass beim Hirsch- und Schwanenwirt sie fragen
Müssen: gibt es hier nicht eine Herberg?

Meinet ihr, man riegle da die Tore
Hier im Ort und ließ die Hunde bellen,
Ließ sie ohne Obdach weiter wandern,
Etwa auf das Feld, zur großen Scheune?
Nein, wir, wenn wir sie von fern erspähten,
Nein, wir kämen gradewegs gesprungen.
(....)

Wär er doch in unsrem Land geboren –
Ach, wir wollten ihm die Herzen öffnen,
Nicht die Türen nur und nur die Kästen
Mit dem Leinen und den bunten Tüchern.
Lieber Heiland – wollten wir ihm sagen –
Sei willkommen uns, ja sei willkommen!
Nimmer gäb es Händel hier und nimmer
Schlüge man sich blau und grüne Mäler
Und es neidet keiner mehr dem andern
Was er hat, und keiner bliebe trutzig.
Nicht vergebens hätten sie gesungen,
Nicht vergebens all die weißen Engel:
Ehre, Ehre Gott in seiner Höhe,
Fried auf Erden und den Menschen allen
Wohlgefallen auf der dunklen Erde.

Wär er doch in unsrem Land geboren,
Der, von dem wir bei Sankt Lukas lesen,
Alle, alle kämen wir gelaufen,
Kleine, Große, Männer, Mütter, Frauen
Und wir sängen alle miteinander,
Alte, Junge, Flöten und Schalmeien,
Alle jetzt mit uns und mit der Orgel.

Albrecht Goes

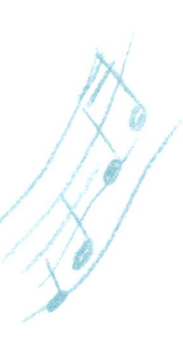

89

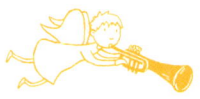

Fröhlich soll mein Herze springen

Text: Paul Gerhardt 1653
Melodie: Johann Crüger 1653

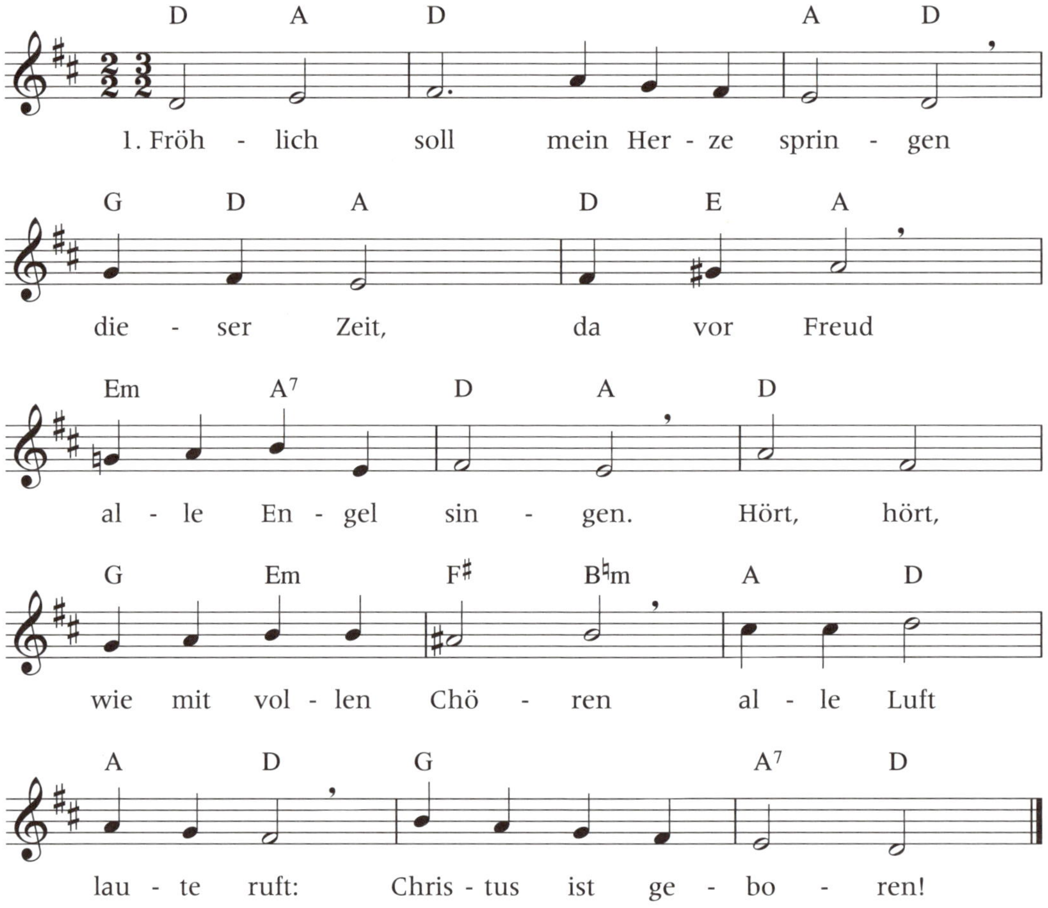
D A D A D
1. Fröh - lich soll mein Her - ze sprin - gen
G D A D E A
die - ser Zeit, da vor Freud
Em A7 D A D
al - le En - gel sin - gen. Hört, hört,
G Em F♯ B♮m A D
wie mit vol - len Chö - ren al - le Luft
A D G A7 D
lau - te ruft: Chris - tus ist ge - bo - ren!

Heute geht aus seiner Kammer
Gottes Held, der die Welt reißt aus allem Jammer.
Gott wird Mensch dir, Mensch, zugute;
Gottes Kind, das verbindt sich mit unserm Blute.

Nun er liegt in seiner Krippen,
ruft zu sich, mich und dich, spricht mit süßen Lippen:
»Lasset fahrn, o liebe Brüder,
was euch quält, was euch fehlt; ich bring alles wieder.«

Eine Stadt aus Keksen

- ✶ *150 g Butter*
- ✶ *150 g Zucker*
- ✶ *1 Prise Salz*
- ✶ *1 Eigelb*
- ✶ *300 g Mehl*
- ✶ *1 Eigelb zum Bestreichen der Plätzchen*
- ✶ *Backpapier*
- ✶ *Nudelholz*
- ✶ *Holzstäbchen*
- ✶ *Stumpfes Messer oder Ausstechformen*
- ✶ *1 saubere Schraube*
- ✶ *Schachteln*
- ✶ *Blaues Seidenpapier*
- ✶ *Sterne zum Aufkleben, aus Tonpapier ausgeschnitten*

Zuerst zupft ihr die Butter in Flöckchen, streut den Zucker dazu und vermischt das Ganze. Eigelb und Salz hinzufügen und das Mehl mit beiden Händen unterkneten. Formt aus dem Teig eine Kugel und stellt ihn für eine Stunde in den Kühlschrank. Nun könnt ihr den Teig ausrollen und mit dem Messer Häuser, Bäume und Sterne ausschneiden oder ausstechen, wenn ihr die entsprechenden Formen habt. Die Fenster und Türen pikst ihr mit dem Messer ein und die Dachschindeln mit dem Kopf der Schraube. Nun legt ihr eure kleine Stadt auf das mit Backpapier ausgelegte Backblech, bepinselt die Oberseite noch mit verquirltem Eigelb und schiebt die Plätzchen in die mittlere Schiene des vorgeheizten Backofens. In 10 bis 15 Minuten ist eure Keksstadt fertig. Wer will, kann noch etwas Puderzucker mit Zitronensaft verrühren und die Häuser mit einem Schneedach versehen. Kleidet die Schachtel mit dem blauen Seidenpapier aus, schneidet aus Tonpapier Sterne aus und klebt sie in den Himmel und legt die Stadt hinein. Schon ist ein schönes Geschenk für eure Eltern oder Großeltern fertig.

Morgen, Kinder, wird's was geben

Text: Philipp von Bartsch
Melodie: Karl Gottlieb Hering

1. Mor - gen, Kin - der, wird's was ge - ben,

mor - gen wer - den wir uns freu'n!

Welch ein Ju - bel, welch ein Le - ben

wird in un - serm Hau - se sein!

Ein - mal wer - den wir noch wach,

hei - ßa, dann ist Weih - nachts - tag!

Wie wird dann die Stube glänzen
von der hellen Lichter Zahl,
schöner als bei frohen Tänzen
ein geputzter Kronensaal!
Wisst ihr noch vom vor'gen Jahr,
wie's am heil'gen Abend war?

Welch ein schöner Tag ist morgen!
Neue Freude hoffen wir.
Unsre guten Eltern sorgen
lange, lange schon dafür.
O, gewiss, wer sie nicht ehrt,
ist der ganzen Lust nicht wert!

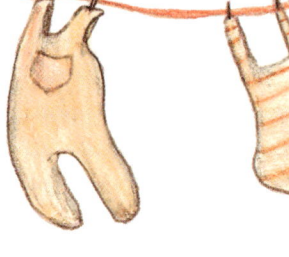

24. Dezember

Die Weihnachtsgeschichte

Josef und Maria lebten in Nazaret, einer Kleinstadt in Galiläa. Sie hatten es gut miteinander, denn sie liebten sich und wollten ihr ganzes Leben gemeinsam verbringen. Josef arbeitete in seiner kleinen Tischlerwerkstatt, die gleich neben dem Häuschen lag, in dem sie seit ihrer Hochzeit wohnten. Sie hatten im Mai geheiratet, als die Aprikosenbäume blühten und die Mandelbäume dufteten, und Maria hatte ihr Haar hochgesteckt und mit weißen und rosa Blüten geschmückt. Josef hatte ihr den Ring an den Finger gesteckt und ihr ins Ohr geflüstert: »Ich werde Gottes Sohn annehmen wie meinen eigenen!« Und Maria hatte ihm daraufhin einen dicken Kuss gegeben.

Denn Maria war schwanger. Der Engel, der mit der unglaublichen Nachricht von Gott gekommen war, hatte recht behalten: Maria würde bald ein Kind bekommen. Es wuchs schon kräftig in ihrem Bauch. Und es war ein Geschenk Gottes. Bald würde es auf die Welt kommen!

Maria nähte jeden Tag kleine Jäckchen und Hosen, schnitt Windeln aus alten Handtüchern aus und strickte Söckchen und winzige gestreifte Pullover. Manche Dinge hatte sie von ihrer Freundin Elisabeth geschenkt bekommen, deren Sohn Johannes schon einige Monate alt war: ein Tragetuch aus grünem Stoff, in dem sie das Baby auf dem Rücken tragen konnte, und einen kleinen Sonnenhut.

Wenn Maria diese Dinge in die Hand nahm, musste sie lächeln. Elisabeth hätte doch nie gedacht, dass sie je ein Kind bekommen würde! Und sie selbst, Maria? Ein Kind von Gott! Sie war voller Vorfreude auf den Sohn, aber immer wieder lag sie nachts wach und machte sich

Sorgen: Was würde es für ein Kind sein? Was für einen Plan hatte Gott mit seinem Sohn? Wenn er der König und Retter der Welt werden sollte – dann musste sie doch auch eine besonders gute Mutter für ihn sein, oder? ›Und ich bin doch nur die Maria!‹, dachte sie in solchen Momenten. ›Ich kann ihm nicht beibringen, was man können muss als König. Und Josef auch nicht. Nur wie man einen Tisch macht und einen Stuhl. Aber das Regieren – das kann er von uns nicht lernen.‹

Josef war da viel gelassener. Er sagte zu Maria: »Mach dir nicht so viele Gedanken! Gott wird für alles sorgen, denn Jesus ist sein Sohn.«

Eines Tages kam ein Bote des Kaisers Augustus auf den Marktplatz geritten. Er preschte mit seinem Pferd daher, dass der Staub nur so aufwirbelte, und schwenkte eine große Rolle, auf der stand: »Neues Gebot erlassen!«

Maria, die gerade mit ihrem Korb beim Gemüsehändler stand, lief zu ihm hin, um zu hören, was das für ein neues Gebot war. Man musste so etwas ja immer befolgen, sonst gab es Ärger. Der Kaiser Augustus war ein strenger Mann.

»Unser großer Kaiser will seine Untertanen zählen lassen!«, rief der Bote laut. »Jeder von euch muss in den Ort gehen, in dem er geboren wurde! Dort wird er mit einer Nummer erfasst! Also los, macht euch auf den Weg!«

›Oh nein‹, dachte Maria und stellte den Korb ab. ›Das hat uns gerade noch gefehlt! Ich kann doch mit meinem dicken Bauch jetzt keine weite Reise machen!‹

Denn sie wusste: Ihr Mann Josef kam aus Betlehem. Das war ein kleines Städtchen in Judäa. Dorthin würden sie gehen müssen. Und das war weit!

Maria seufzte tief. Und Josef

auch, als er hörte, was Maria ihm berichtete. Aber was blieb ihnen anderes übrig: Dem Gebot des Kaisers musste man gehorchen.

Also lieh Josef einen Esel von seinem Freund Ben aus und packte ihn voll mit Wasserflaschen, Kürbiskuchen und getrockneten Feigen. Maria stopfte Windeln und Babykleider in die Taschen und vergaß auch nicht das grüne Tragetuch und den kleinen Sonnenhut. ›Für alle Fälle‹, dachte sie, ›denn vielleicht kommt das Kindchen ja, bevor wir wieder zu Hause sind.‹

Dann half Josef ihr, sich auf den Esel zu setzen. Es war ein beschwerlicher Weg über steinige Felder und Hügel, der Esel trottete langsam und die Sonne stach. Maria merkte, wie das Kind im Bauch hin und her geschüttelt wurde. Josef lief der Schweiß herunter.

Sie trafen viele andere Menschen, die wie sie unterwegs waren, um sich zählen zu lassen. Manche waren sogar krank oder uralt und hatten sich trotzdem auf den Weg machen müssen. »Ach, wenn nur der Messias endlich käme!«, klagte ein alter Mann. »Dann wäre das alles nicht mehr nötig!«

Josef und Maria schauten sich an und lächelten. Und sie dachten dasselbe: ›Wenn der wüsste …!‹ Denn dass Jesus der Messias war, der Retter der Menschen, auf den sie alle schon lange warteten, das wussten ja nur sie. Aber bald würden es alle erfahren!

In diesem Moment spürte Maria einen stechenden Schmerz, der durch ihren Körper fuhr wie ein Blitz. Sie stöhnte auf.

»Was ist?«, fragte Josef.

»Ich glaube, das Kind will bald kommen!«, flüsterte Maria mühsam.

Endlich kamen sie in Betlehem an. Es war dunkel und ein kalter Wind fegte über die Gassen. Aus den Häusern hörte man Lärm und Tellergeklapper. Überall waren Esel und Pferde angebunden.

Maria konnte sich kaum noch auf dem Esel halten. Der Schmerz kam in regelmäßigen Abständen immer wieder und wurde jedes Mal noch schlimmer. Kein Zweifel: Die Geburt stand kurz bevor!

Josef klopfte an der ersten Herberge, die sie fanden.

»Wir hätten gern ein Zimmer für die Nacht!«, sagte er und wollte schon den Esel am Haus festbinden. Aber der Mann, der die Tür geöffnet hatte, brummte: »Kein Platz mehr, tut mir leid!«

Sie gingen weiter.

Eine Frau schaute aus dem Fenster der nächsten Herberge. »Hier? Keine Chance! Alles belegt!«

Und so ging es überall. Nirgends konnten sie unterkommen.

Maria liefen die Tränen übers Gesicht. Was sollten sie nur machen? Sie brauchten doch jetzt dringend einen Platz für die Geburt! Sie schluchzte einmal laut auf in ihrer Not.

»Bitte!«, rief Josef an der nächsten Tür. »Meine Frau kriegt doch jeden Augenblick ihr Kind!«

Die Wirtin hatte selber einen dicken Bauch. Sie konnte wohl ahnen, wie Maria zumute war. »Ich kann euch nur unseren Stall anbieten«, sagte sie. »Dort hinten am Feldrand. Und hier habt ihr noch eine Decke.«

Josef zog den Esel die Gasse hinunter. Dort begannen die Felder. Der Stall war klein und düster, es gab einen Ochsen, Stroh und eine Futterkrippe. Josef breitete die Decke auf dem Stroh aus und half Maria, sich daraufzulegen.

Und in dieser Nacht wurde Jesus geboren. Er schrie laut und Maria wickelte ihn in die Windeln, die sie mitgebracht hatte. Josef nahm den

Kleinen für einen Moment vor die Stalltür und hob ihn hoch zum Himmel hinauf, an dem die Sterne blinkten. »Schau, Jesus, das ist der Himmel deines Vaters!«

Da sah Josef in der Ferne einen sehr hellen Schein am Himmel und hörte seltsame Gesänge, die von weit oben zu kommen schienen. Er stand dort mit dem kleinen Jesus und wunderte sich darüber. Aber dann wurde ihm kalt und er ging wieder zu Maria hinein.

Was war das für ein Schein gewesen? Und was für Gesänge hatte Josef da gehört?

Das hätten ihm die Hirten erzählen können, die dort auf den Feldern außerhalb von Betlehem bei ihren Schafen Wache hielten.

Es waren fünf Männer, zwei Frauen und der Hirtenjunge Timo, die da ums Feuer saßen und ihr Brot rösteten. Die Hunde schliefen. Ab und zu jaulte mal einer im Traum auf und schnappte in die Luft, als könnte so ein Störenfried abgewehrt werden. Aber es gab keine Störenfriede in dieser Nacht, keine Diebe, keine wilden gefährlichen Tiere. Die Sterne blinkten ruhig am Himmel. Das war alles.

»Timo, schlaf du ruhig ein bisschen«, sagte die Hirtin zu dem Jungen, der seine müden Augen kaum noch aufhalten konnte.

Timo wickelte sich in ein Schaffell und wäre gerade eingeschlafen, als auf einmal die Hunde aufsprangen, knurrten, die Zähne fletschten und wie wild zu bellen begannen.

Timo guckte auf: Was war denn los? Da sah er einen weißen Strahl, der über ihnen vom Himmel herabkam wie eine Säule aus Licht. Es war so hell ringsum, dass Timo und die anderen ihre Augen mit den Armen schützen mussten. Was war das?!

Der Strahl verschwand nicht, er blieb zitternd in der Luft hängen, und allmählich konnten sie erkennen, was es war: ein Engel! Ein riesengroßer Engel war da!

Erschrocken starrten sie hinauf zu diesem Wesen und konnten sich nicht rühren vor Angst.

100

»Fürchtet euch nicht!«, sagte der Engel. »Ich habe euch etwas Wunderbares zu erzählen: Heute Nacht ist der Heiland geboren, euer Retter, Jesus. Was für eine Freude für alle Menschen in dieser Welt! Ihr könnt ihn euch anschauen, in Betlehem liegt er in einer Futterkrippe, in Windeln gewickelt, ein kleines Kind noch! Gelobt sei Gott!«

Jetzt war der Engel nicht mehr allein am Himmel, sondern umringt von tausend anderen Engeln, die alle miteinander zu singen begannen: »Ehre sei Gott in der Höhe und Friede auf Erden bei euch geliebten Menschen!«

Und fort waren sie. Es war wieder still und dunkel ringsum, nur die Kohlen im Feuer glühten noch und die Hunde winselten verwirrt.

Die Hirten saßen eine Weile wie vom Donner gerührt da, stumm und mit großen Augen.

»Wenn das stimmt, was der Engel gesagt hat«, sagte schließlich einer von ihnen, »dann gehen wir am besten sofort hin.«

»Ja«, sagte die erste Hirtin, »und ich nehme ein Schaffell für das Kind mit. Wenn der Heiland in einer Futterkrippe liegen muss, wird er wohl nicht viel haben.«

»Ich nehme Honig mit für die Mutter«, sagte die zweite Hirtin.

Timo überlegte, was er dem Kind mitbringen könnte. Ihm fiel nur seine Flöte ein. Die hatte er sich einmal selbst geschnitzt. Ja, die wollte er dem Heiland schenken.

Dann machten sie sich auf den Weg. Sie liefen rasch, sie rannten beinahe, denn jetzt hatten sie es eilig: Der Retter der Welt war geboren! Den wollten sie sehen!

Aber wo?

»Am besten, wir klappern alle Ställe in Betlehem ab!«, keuchte der älteste Hirte.

Am Feldrand war gleich der erste Stall zu sehen. Den kannten sie, es war der kleine Stall der Familie Hiram.

Timo drückte vorsichtig die Tür auf. »Hallo?«, sagte er. »Ist hier jemand?«

Tatsächlich! Da waren Menschen im Stall: ein Mann, eine Frau – und ein Kind lag in einer Futterkrippe. Die Hirten nahmen ihre Mützen ab und staunten nicht schlecht. Das war er also – der Heiland!

»Wer seid ihr?«, fragte Josef.

»Wir sind Hirten«, antwortete Timo. »Ein Engel hat uns erzählt, dass Jesus geboren wurde. Er ist unser Heiland!« Er legte seine Flöte neben Jesus in die Krippe. Und die beiden Hirtinnen gaben Maria das Fell und den Honig.

Sie blieben noch eine Weile beisammen und freuten sich am kleinen Jesus, der jauchzte und quietschte vor Vergnügen über all den Besuch. Was für ein großes Geschenk hatte Gott den Menschen mit dem Kind gemacht!

Dann gingen die Hirten zu den anderen Leuten in Betlehem und erzählten allen, was geschehen war. Und die wunderten sich und kamen zum Stall, um auch das Kind zu sehen.

Später kehrten die Hirten dann wieder zu ihren Schafen zurück, die Hunde waren ja allein bei ihnen geblieben. Sie sprachen noch tagelang von nichts anderem als von dem Engel und dem Kind.

»Gelobt sei Gott!«, sagten sie immer wieder – genau wie der Engel. »Gelobt sei Gott!«

(nach Lukas 2, 1–20)

Vom Himmel hoch, da komm ich her

Text: Martin Luther 1535
Melodie: Martin Luther 1539

1. Vom Himmel hoch, da komm ich her, ich
bring euch gute neue Mär; der
guten Mär bring ich so viel, davon ich singn und sagen will.

Euch ist ein Kindlein heut geborn
von einer Jungfrau auserkorn,
ein Kindelein so zart und fein,
das soll euer Freud und Wonne sein.

Es ist der Herr Christ, unser Gott,
der will euch führn aus aller Not,
er will eur Heiland selber sein,
von allen Sünden machen rein.

103

Er bringt euch alle Seligkeit,
die Gott der Vater hat bereit,
dass ihr mit uns im Himmelreich
sollt leben nun und ewiglich.

So merket nun das Zeichen recht:
die Krippe, Windelein so schlecht,
da findet ihr das Kind gelegt,
das alle Welt erhält und trägt.

Des lasst uns alle fröhlich sein
und mit den Hirten gehn hinein,
zu sehn, was Gott uns hat beschert,
mit seinem lieben Sohn verehrt.

Merk auf, mein Herz, und sieh dorthin;
was liegt doch in dem Krippelein?
Wes ist das schöne Kindelein?
Es ist das liebe Jesulein.

Plätzchen-Sternentanne

* 250 g Mehl
* 125 g Puderzucker
* Abgeriebene Schale einer halben Zitrone
* 1 Ei
* 150 g kalte Butter
* 125 g Puderzucker
* Saft einer Zitrone
* Backpapier
* Sternenausstecher in verschiedenen Größen
  (falls keine großen vorhanden sind, so könnt ihr euch selber eine Schablone
  aus Moosgummi basteln und die Sterne mit einem Messer ausschneiden)

Mischt zuerst das Mehl mit dem Puderzucker und der Zitronenschale.
Macht in die Mitte der Mischung eine Mulde, schlagt das Ei hinein
und setzt die Butter in Flöckchen auf den Rand. Hackt nun alles mit
einem großen stumpfen Messer durch und knetet es dann mit saube-
ren Händen zu einem glatten Teig. Den Teig in eine Folie wickeln und
für eine Stunde kalt stellen. Heizt nun den Backofen auf 180° vor, rollt
den Teig aus und stecht zuerst die großen Sterne aus und backt sie,
dann die mittleren und zum Schluss die kleinen. Mischt den Puderzucker mit dem Zitronensaft und überzieht die Sterne mit dem Zuckerguss. So könnt ihr sie ganz leicht aufeinanderkleben, sodass daraus
eine Tannenform entsteht. Wenn ihr wollt, könnt ihr den Tannenbaum auch noch mit Liebesperlen verzieren.

Was der Ochse dachte, als seine Krippe zum Kinderbett wurde

Ein sehr alter Ochse bin ich. Heiße Oskar und habe einen feinen Stall für mich allein. Mit Stroh und einem kleinen Fensterchen, das schön auf der Höhe meines Kopfes angebracht ist. Da kann ich rausgucken und über die Felder schauen und zum Sternenhimmel hinauf. Der gefällt mir schon, solange ich denken kann. Wenn ich die Sterne sah, dann fing ich immer an zu träumen, immer dasselbe träumte ich: von einem Leben ohne Pflug und Acker! Von einem Leben ohne Fliegen und Peitsche! Ich träumte davon, wie ich auf der Himmelsweide da oben herumspaziere und an den Sternen schnuppere und wie ich ganz leicht bin und tanze.

Ich war immer ein sehr fleißiger Ochse. Legte mich immer brav ins Zeug für meinen Bauern. Wenn er mich vor den elenden Pflug spannte, bockte ich nicht wie diese Esel. Ich ließ mich zum Acker führen und tat dort meine Arbeit tagaus, tagein. Aber

ach, es war doch oft öde, so ein Ochsenleben! Eine einzige Plackerei! Da freute man sich auf die Stallruhe am Abend, wenn die Fliegen müde wurden und die Sterne hinter dem Guckfenster aufgingen.

Vor einigen Wochen aber, da ist etwas geschehen, das hat mein ganzes Ochsenleben verwandelt.

Ich schaute abends aus meinem Guckfenster hinaus und blinzelte vor mich hin. Meine Knochen schmerzten wie üblich von der Schufterei, mein Heu-Abendbrot hatte ich schon aufgefressen. Die Nacht brach herein. Da tauchte auf einmal ein riesiger Stern am Himmel auf, der eine Art Schleppe hinter sich herzog wie eine Braut. Er kam direkt auf meinen Stall zu! Es sah aus, als würde er tanzen, so leicht schwebte er zwischen den anderen Sternen hindurch bis hierher.

Mit meinem Ochsenmaul stieß ich das Fenster auf und streckte neugierig meinen Kopf hinaus, um nachschauen zu können, wohin der Stern denn zog. Aber er zog gar nicht weiter! Er stand still, direkt über meinem Stalldach stand er still und strahlte.

Oh, sagte ich mir, oh, das hat irgendetwas zu bedeuten! Abwarten, alter Knabe, abwarten, so ein Stern kommt nicht von ungefähr.

Zunächst passierte aber gar nichts. Es war still. In der Ferne hörte ich nur die Schafe blöken. Beinahe wäre ich eingeschlafen. Aber plötzlich, mitten in der Nacht, ging die Stalltür auf. Zwei fremde Menschen kamen herein, ein Mann und eine Frau. Und hinter ihnen her trottete ein müder Esel. Die Frau sah sehr trächtig aus. So sehr, dass sie kaum mehr gehen konnte. Sie legte sich jedenfalls gleich auf mein Stroh.

Die beiden hatten kein Auge für mich übrig, obwohl sie in meinem Stall zu Gast waren. Sie hatten andere Sorgen, das merkte ich schnell. Da kam nämlich ein Kind zur Welt, hier in meinem Stall. Der Esel und ich tauschten ein paar Blicke und waren uns einig: Dies war ein Sonderfall. Es war ein Junge, so winzig und eigenartig, wie nur Menschenkinder sein können. Er schrie natürlich, das tun sie ja gerne, und wie! Die Mutter wickelte ihn in weiße Tücher und gab ihm zu trinken.

Gott sei Dank beruhigte er sich da, das Geschrei war ja nicht zum Aushalten! Wir Ochsen sind bei der Geburt nicht so laut. Wir benehmen uns von Anfang an folgsam und stehen rasch auf eigenen Beinen. Aber dieses Kindchen da, das würde den Eltern jetzt viel Mühe machen, das wusste ich. Irgendetwas war jedoch bei diesem Kind anders. Es schaute schon so. Und es hat mich gleich gesehen! Kaum war es auf der Welt und schrie, da wanderten seine kleinen Augen schon in meine Richtung. Als das Kind mich sah, hörte es für einen winzigen Moment auf zu schreien und lächelte mich an. Immerhin war ich der erste Ochse in seinem Leben. Ich nickte ihm zu und dann ging das Geschrei auch schon weiter. Aber nicht aus Angst vor mir, das hätte ich gemerkt. Das Kind winkte mir sogar mit seinen Fäustchen zu. Fand ich nett.

Und ich hatte dann auch nichts dagegen, als der Vater, ein groß gewachsener Mann mit einem braunen Zottelbart, meine Futterkrippe nahm und mit frischem Stroh füllte. Das Kind wurde dann hineinge-

legt und schlief darin. In meiner Futterkrippe hat noch nie jemand geschlafen. Aber warum nicht.

Es war sonderbar: Je länger diese kleine Familie da in meinem Stall war, desto heiterer wurde mir zumute. Ich begann zu summen und zu brummen, mich hin- und herzuwiegen und meine Knochen taten mir gar nicht mehr weh! Ich fühlte mich wie ein ganz junger Ochse, knackig und stark, mit Kräften wie ein Elefant. Noch nie zuvor war ich so gern Ochse gewesen wie jetzt. Es war einfach prächtig, Ochse in diesem Stall mit diesen Leuten zu sein. Aber warum war das so? Was war anders mit ihnen? Der Mann hätte doch auch Bauer sein können mit Peitsche und harter Stimme. Die Frau hätte auch Magd sein können, eine, die mir das Heu gleichgültig vors Maul schmeißt und das frische Wasser achtlos in den Trinkeimer kippt, sodass die Hälfte daneben landet. Und das Kind hätte mir auch Juckpulver in die Nasenlöcher stopfen können wie all die anderen Kinder, die mich oft reizen.

Aber diese drei waren anders. Sie waren freundlich und arm und sie waren noch was, das ich bei den Menschen selten finde: Zufrieden waren sie. Es schien ihnen nichts auszumachen, hier im Stall zu leben. ›Vielleicht liegt es an mir?‹, überlegte ich. ›Daran, dass ich so ein schöner starker Ochse bin.‹

Der Gedanke gefiel mir. Ich begann, darauf zu achten, dass die frechen Fliegen die Familie nicht störten. Ich wischte und fegte die Viecher mit meinem Schwanz weg und blies sie aus dem Fenster hinaus, so gut ich konnte.

Vielleicht lag es auch am Stern. Denn dass der Stern über meinem Dach stand, das hatte was mit diesem Kind zu tun, das war mir klar. ›Vielleicht macht der Stern die Menschen gut?‹, dachte ich. ›Und die Ochsen auch.‹ Ich jedenfalls fühlte mich ziemlich gut.

Aber die Antwort bekam ich, als später die Tür wieder aufging und die Hirten hereinkamen. Die kenne ich. Es sind alles Rüpel, Raufbolde, Dummköpfe! Die werfen manchmal mit Steinen nach mir, aus reinem

Übermut. Und die kamen in meinen Stall und fielen auf die Knie vor dem Kind. Mir blieb die Ochsenspucke weg, kann ich nur sagen.

Und da wusste ich: Am Kind lag es. Das Kind verwandelte uns alle. Es war ein Kind von Gott. Ich habe gehört, was die Hirten erzählt haben und wie sie Gott lobten. Und die Frau hat es auch gesagt: Das Kind ist Gottes Sohn.

Später sind sie weitergezogen, die Hirten zuerst, dann die Familie mit dem Esel. Aber mein Stall ist seither wie neu. Die Wände duften geheimnisvoll, das Stroh glänzt wie Gold, das Heu in der Futterkrippe schmeckt köstlich. Und der Acker draußen, auf dem ich den Pflug ziehe, der kommt mir manchmal vor wie die Himmelsweide aus meinem Traum. Dann tanze ich vor dem Pflug und denke an das Kindchen, das mir zugelächelt hat.

Kommet, ihr Hirten

Text: Karl Riedel 1870 nach einem Weihnachtslied aus Böhmen
Melodie: Olmütz 1847

| F | B♭/F | F | B♭/F |

1. Kom - met,___ ihr___ Hir - ten,___ ihr___
kom - met,___ das___ lieb - li - che___

| F | C⁷/F | F |

Män - ner___ und___ Fraun,
Kind - lein___ zu___ schaun.

| Dm | Am/C | B♭ | C |

Chris - tus, der Herr, ist heu - te ge - bo - ren,

| F | F/E | Dm | C |

den Gott zum Hei - land euch hat er - ko - ren.

| F/A | C | F |

Fürch - tet___ euch___ nicht.

111

Lasset uns sehen in Betlehems Stall,
Was uns verheißen der himmlische Schall;
Was wir dort finden, lasset uns künden,
lasset uns preisen in frommen Weisen.
Halleluja!

Wahrlich, die Engel verkündigen heut
Betlehems Hirtenvolk gar große Freud:
Nun soll es werden Friede auf Erden,
den Menschen allen ein Wohlgefallen.
Ehre sei Gott!

Franz von Assisi und die erste Weihnachtskrippe

Der heilige Franz von Assisi, der vor 800 Jahren lebte, war ein besonders fröhlicher Mensch. Er war so begeistert von Jesus und dem Evangelium, dass er alles tat, um Jesus ähnlich zu werden und seine Lehre zu befolgen. Eines Tages – es war ungefähr vierzehn Tage vor dem Weihnachtsfest – bat er einen hoch angesehenen Adligen aus dem italienischen Ort Greccio in der Nähe von Assisi, ihm eine echte Futterkrippe, Heu, einen Ochsen und einen Esel in den Wald zu bringen. Als der Adlige fragte, warum er das alles denn brauche, antwortete der heilige Franz: »Ich möchte mit eigenen Augen sehen und nacherleben, wie es dem Kind Jesus ergangen ist, als es in die Krippe gelegt wurde auf Heu und wie es sich gefühlt hat in der Nähe von Ochs und Esel. Darum möchte ich das Geschehen der Geburt Jesu nachstellen.«

Der Adlige, der den heiligen Franz gut kannte und mochte, stellte ihm alles zur Verfügung.

Als Weihnachten dann herankam, eilten die Freunde des heiligen Franz und viele Männer, Frauen und Kinder mit Fackeln und Kerzenlichtern in den Wald und schauten sich den nachgestellten Stall mit der Futterkrippe und den Tieren an. Ob eine Puppe in der Krippe lag oder ein echtes Baby, das wissen wir heute nicht mehr. Aber die Szene muss einen gewaltigen Eindruck auf alle gemacht haben. Sie sangen helle Jubellieder und feierten einen Gottesdienst. Der Priester, heißt es, soll erfüllt gewesen sein von großem Trost und der heilige Franz stand da und freute sich sehr.

Krippenfiguren im Schuhkarton

* Fotokarton, beigefarben
* Filzstifte in vielen Farben
* Schuhkarton
* 1 kleine Schachtel
* Bastelfarbe in Braun
* Pinsel
* Bleistift
* Krepppapier in Braun
* Klebstoff
* Schere

Von den Zeichnungen auf den folgenden Seiten könnt ihr die Vorlagen für die Figuren entnehmen und entsprechend vergrößern und auf den beigefarbenen Fotokarton übertragen. Zeichnet dabei am Fuß der Figuren 0,5 cm als Ständer an und knickt diesen nach dem Ausschneiden um, damit die Figuren stehen bleiben. Nun könnt ihr Kleider, Mäntel oder Hosen und auch Gesicht und Haare aufmalen. Malt den Schuhkarton von außen Braun an, kippt ihn zur Seite und kleidet ihn mit dem Krepppapier aus. Klebt dann die Figuren hinein. Legt das Jesuskindchen in die zuvor auch braun angemalte kleine Schachtel, schon ist die selbstgebastelte Krippe fertig.

Krippenfiguren als Mobile

- ✱ *Tonpapier in Beige und Braun*
- ✱ *Vier bis fünf 15 cm lange, farbige Rundhölzchen*
- ✱ *30 cm langes, farbiges Rundhölzchen*
- ✱ *Dünnes Geschenkband oder Dekorationsfaden*
- ✱ *Bleistift*
- ✱ *Schere*
- ✱ *Klebstoff*

Ihr könnt die Vorlagen für die Krippenfiguren aus der Zeichnung übernehmen und auf das beigefarbene Tonpapier übertragen und ausschneiden. Mit dem Filzstift malt ihr die Kleidung und Gesicht und Haare auf. Die Tiere könnt ihr auch gleich aus farbigem Tonpapier ausschneiden. Die Figuren in der Mitte oben mit einem kleinen Loch versehen, ein Band durchziehen, verknoten und einen etwas längeren Faden hängen lassen. Wenn alle Figuren fertig sind, bindet ihr sie nach Belieben an die Hölzchen, wobei das längste Hölzchen oben ist. Ihr müsst nur darauf achten, dass ein Gleichgewicht besteht.
Zum Ausschmücken könnt ihr auch noch einige Sterne hinzufügen.

Zu Betlehem geboren

Text: Friedrich Spee 1637
Melodie: Paris 1599, geistlich Köln 1638

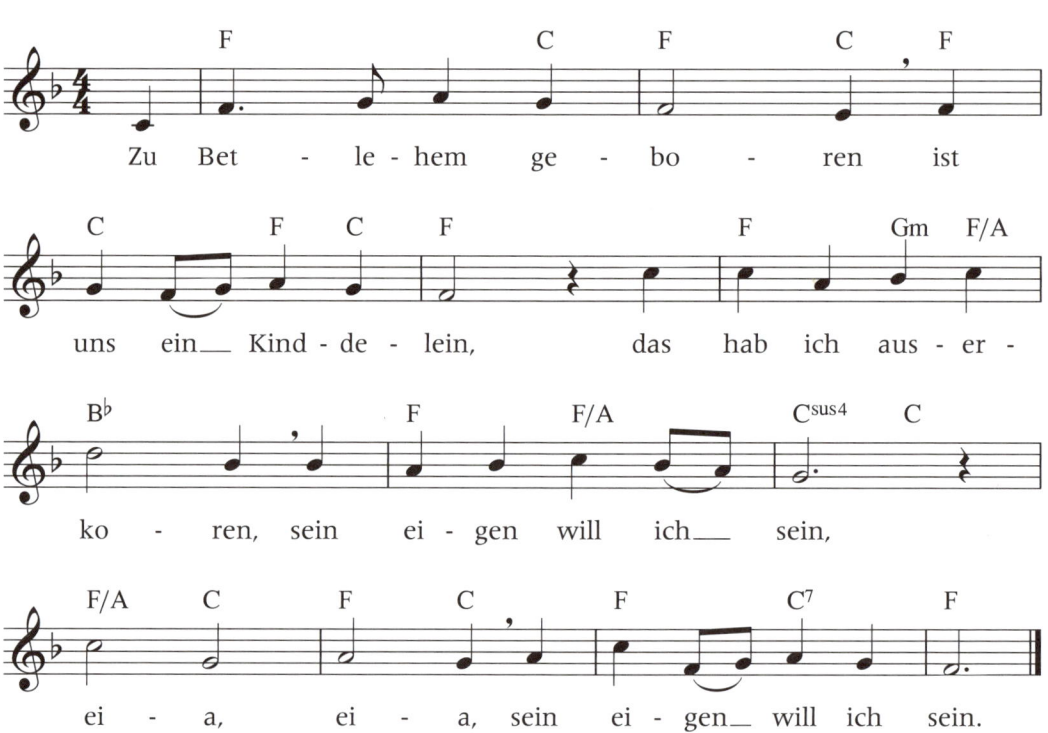

Zu Bet - le - hem ge - bo - ren ist

uns ein___ Kind - de - lein, das hab ich aus - er -

ko - ren, sein ei - gen will ich___ sein,

ei - a, ei - a, sein ei - gen___ will ich sein.

116

In seine Lieb versenken
will ich mich ganz hinab;
mein Herz will ich ihm schenken
und alles, was ich hab,
eia, eia, und alles, was ich hab.

O Kindelein, von Herzen
will ich dich lieben sehr
in Freuden und in Schmerzen,
je länger und je mehr,
eia, eia, je länger und je mehr.

Josef, lieber Josef mein

Maria: »Josef, lieber Josef mein,
hilf mir wiegen mein Kindelein,
dass Gott müsse dein Lohner sein
im Himmelreich, der Jungfrau Kind Maria.«
Josef: »Gerne, liebe Maria mein,
helf ich dir wiegen dein Kindelein,
dass Gott müsse dein Lohner sein,
im Himmelreich, der Jungfrau Kind Maria.«

Hilger Schallehn

Weihnacht

Christkind ist da,
sangen die Engel im Kreise
über der Krippe immerzu.

Der Engel sagte leise
I-a und der Ochse sein Muh.

Der Herr der Welten
ließ alles gelten.
Es dürfen auch nahen
ich und du.

Josef Guggenmos

Kleine Täschchen als Geschenkverpackung aus Filz

* Kardierte Wolle in den gewünschten zwei Farben
  (bekommt man im Bastelgeschäft)
* Olivenseife zum Filzen
* Schale mit warmem Wasser
* Moosgummi
* Schere
* Kugelschreiber
* Essigwasser
* Große Perle

Schneidet eine viereckige Schablone aus Moosgummi zu, die etwa 20 % größer sein soll als das Täschchen und ansonsten der Taschenform mit aufgeklappter Lasche entspricht.

Angefangen wird mit der von außen sichtbaren Farbe. Die Wolle wird mit noch trockenen Fingern in Portionen gezupft, zuerst überpappend längs, dann in der zweiten Schicht quer gelegt, nur so kann sie sich miteinander verbinden. Mit der möglichst warmen Seifenlauge aus warmem Wasser und Olivenseife anfilzen, dann die nächste Schicht wieder entgegengesetzt auflegen und ebenfalls anfilzen. Ist die eine Seite gut angefilzt, könnt ihr die Schablone auf die andere Seite drehen und die andere Seite bearbeiten. Die überlappenden Filzfransen einschlagen. Nun die zweite Farbe, also die Farbe der Innenseite, genauso auflegen und anfilzen, die Fransen wiederum einschlagen und das Teil auf die andere Seite drehen und die zweite Seite der Schablone ebenso bearbeiten. Ist das Filzstück gut angefilzt, kann man mit dem richtigen Filzen, das heißt Walken, anfangen. Dazu das Täschchen fest drücken und reiben, bis es anfängt zu schrumpfen. Das kann eine ganze Weile dauern, also habt Geduld. Wenn ihr die Fasern nicht

mehr auszupfen könnt, drückt das Täschchen im Essigwasser gut aus und schneidet es an einer kurzen Seite auf. Nehmt die Moosgummischablone heraus, schneidet an beiden Längsseiten etwa 4 bis 5 cm ein, klappt eine Seite ein, die andere als Lasche darüber und beschneidet die Lasche, bis sie euch gefällt. Schneidet ein kleines Loch als Knopfloch in die Mitte und näht an die andere Seite eine Perle. Nun könnt ihr ein kleines Geschenk in das Täschchen packen.

Geschenkanhänger Elch

✳ *Fotokarton in den gewünschten Farben*
✳ *Schere*
✳ *Bleistift*
✳ *Dünne Geschenkbänder*

Die Zeichnung könnt ihr als Vorlage für die Elche nehmen und entsprechend vergrößern. Übertragt sie mit dem Bleistift auf den Fotokarton und schneidet die Elche aus. Durch ein kleines Loch, oben am Rücken, könnt ihr das Geschenkband ziehen und zusammenbinden. Die Elche können als Geschenkanhänger beschriftet werden oder ihr bastelt ganz viele und hängt sie als Christbaumschmuck an den Tannenbaum.

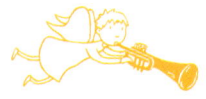

Ihr Kinderlein, kommet

Text: Christoph von Schmid (1798) 1811
Melodie: Johann Abraham Peter Schulz 1794, geistlich Gütersloh 1832

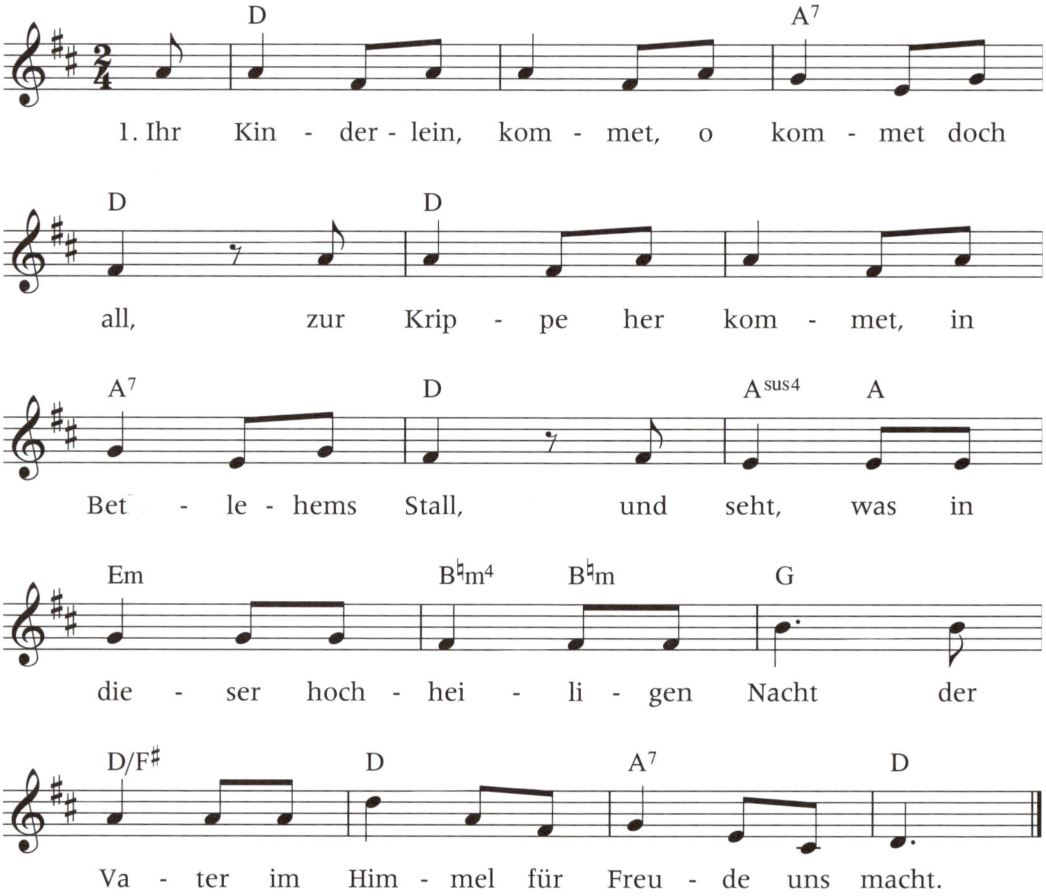
D A7
1. Ihr Kin - der - lein, kom - met, o kom - met doch
D D
all, zur Krip - pe her kom - met, in
A7 D Asus4 A
Bet - le - hems Stall, und seht, was in
Em B♮m4 B♮m G
die - ser hoch - hei - li - gen Nacht der
D/F♯ D A7 D
Va - ter im Him - mel für Freu - de uns macht.

O seht in der Krippe im nächtlichen Stall,
seht hier bei des Lichtleins hellglänzendem Strahl
in reinlichen Windeln das himmlische Kind,
viel schöner und holder, als Engel es sind.

Da liegt es, das Kindlein, auf Heu und auf Stroh;
Maria und Josef betrachten es froh.
Die redlichen Hirten knien betend davor;
hoch oben schwebt jubelnd der Engelein Chor.

O beugt wie die Hirten anbetend die Knie,
erhebet die Hände und danket wie sie.
Stimmt freudig, ihr Kinder – wer wollt sich nicht freun? –
Stimmt freudig zum Jubel der Engel mit ein!

So nimm unsre Herzen zum Opfer denn hin;
wir geben sie gerne mit fröhlichem Sinn;
Ach mache sie heilig und selig wie deins,
und mach sie auf ewig mit deinem nur eins.

Der Weihnachtshund, die Trommel und eine Riesentüte Freude

Am Morgen des Heiligen Abend (hört sich das nicht lustig an?) frühstücken wir immer ganz normal, also Müsli mit Joghurt und Obst. Alle vier Kerzen brennen am Adventskranz und im Radio haben die Leute ganz aufgeregte Stimmen und man merkt sogar draußen im Garten, dass irgendwas anders ist als sonst. Die Wintervögel zwitschern erwartungsvoller und die Bäume stehen ganz still und heilig da, als wüssten sie, worum es heute geht. Und die Leute, die man auf dem Gehweg oder in der Stadt trifft, gucken entweder sehr gehetzt an einem vorbei oder sehen einen besonders freundlich an.

Ich habe an Weihnachten immer das Gefühl, als gehörten alle Menschen zu einer großen Familie. Und das stimmt ja auch, denn wir sind alle Gottes Kinder und feiern zusammen den Geburtstag von Jesus, seinem Sohn.

Wenn wir gefrühstückt haben, dann essen wir den ganzen Tag lang nichts mehr, gar nichts, nicht einmal ein Vanillekipferl oder eine Nuss. Denn uns gefällt es, den Appetit bis zum Heiligen Abend aufzuheben und mit dem riesigen aufgesparten Hunger dann ins Weihnachtszimmer hineinzugehen. Je hungriger wir den ganzen Tag über werden, desto mehr freuen wir uns auf das Festessen, das dann auf dem schön gedeckten Esstisch stehen wird. Aber es ist nicht nur das leckere Essen, es sind auch die brennenden Kerzen am Christbaum, die Holzengel am Fenster, die Glitzersterne, die von der Deckenlampe baumeln, die bunt eingepackten Geschenke, die wir dann entdecken können – das alles zusammen macht genauso satt. Am sattesten aber macht die Weihnachtsfreude. Sie verbreitet sich im ganzen Zimmer. Sogar in den dunklen Ecken ist sie und unter dem Sofa bei den Staubflusen und unter dem Teppich und auf den Vorhangstangen. Überall ist diese

Freude. Ich glaube, die Engel schütten immer eine Riesentüte davon über unserem Haus aus.

In diesem Jahr war es so:

Wir hungerten furchtbar und vergnügt und am Nachmittag begannen unsere Mägen zu knurren wie die Hunde. Vor allem mein Magen hörte sich an wie ein ausgewachsener Schäferhund. Mia, die Einzige, die zwischendurch doch was isst, weil sie noch zu klein ist für diese Art von Weihnachtshunger, legte immer wieder ihr Ohr an meinen Bauch und staunte über das laute Rumoren da drin.

»Das ist der Weihnachtshund«, sagte ich zu ihr, »der freut sich bestimmt schon auf heute Abend!«

»Wau!«, sagte sie.

Und dann war es endlich so weit. Mama, Papa und Oma waren alle drinnen beim Christbaum und wir Kinder standen vor der Tür, durch die wir den ganzen Tag nicht hatten gehen dürfen, denn das Zimmer wird nur von den großen Stubenbauers geschmückt. Wir standen also da und warteten mit unserem Hunger und unserer Vorfreude und lauschten auf die geheimnisvollen Geräusche hinter der Tür. Streichhölzer hörten wir zischen, Papier rascheln und irgendwas fiel irgendwo runter.

»Bestimmt ein Serviettenring«, flüsterte ich.

»Nee, das war eine Krippenfigur«, flüsterte Lorenz.

»Jofes!«, sagte Mia. Sie sagt immer »Jofes« zu Josef.

Wir warteten weiter. Und zwar auf das Glöckchen. Wenn das Glöckchen klingelt, dürfen wir reinkommen. Das Glöckchen ist winzig klein und leise. Oma hat es schon von ihrer Oma geschenkt bekommen. Es klingelt also schon seit fast hundert Jahren an Weihnachten! Einmal hat Lorenz sich beschwert, dass das Glöckchen viel zu leise ist. Er war für eine richtige Kuhglocke, die er auch noch hören kann, falls er gerade auf dem Klo sitzt. Da hatte Oma gesagt, dass er mit einer Kuhglocke ja alle Engel vertreiben würde.

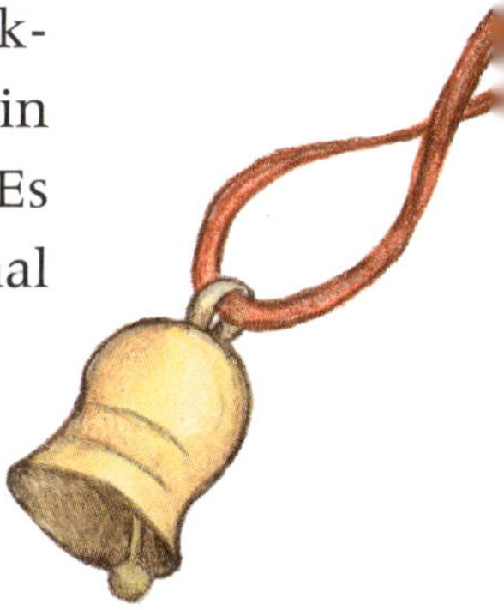

125

Aber warum klingelte das Glöckchen jetzt nicht? Wir spitzten unsere Ohren so doll wir konnten und hielten den Atem an. Es war kein Klingeln zu hören. Nur dass die Großen da drin hin- und herliefen, konnten wir hören. Was hatten sie denn immer noch zu tun? Und jetzt flüsterten sie auch noch. Ziemlich aufgeregt flüsterten sie miteinander. Was war denn los?

»Jetzt reicht's«, sagte ich und guckte durch das Schlüsselloch. Das tun wir nur im äußersten Notfall. Das hier war so einer. Wenn der Heilige Abend nicht richtig losgehen kann, dann ist das ein alleräußerster Notfall.

Leider konnte ich nicht viel erkennen, nur Omas Kleid und ein Schimmer von irgendwas.

»Lass mich mal!«, sagte Lorenz. Und Mia wollte dann auch noch.

Ratlos standen wir da und wussten nicht, was wir tun sollten.

Es war so aufregend! Der Hunger und das Weihnachtsfest so nah und doch so unerreichbar.

Da hörten wir plötzlich ein Trommeln. Wir guckten uns an.

»Jetzt rennen die Engel aber weg«, sagte Lorenz.

Ich kicherte und rief durch die Tür: »Soll das das Glöckchen sein?«

»Ja!«, riefen die drei drinnen. Da stürmten wir ins Weihnachtszimmer.

Papa stand da und schlug seine Handtrommel. Oma hatte ganz rote Bäckchen und Mama schüttelte sich vor Lachen. »Wir haben das Glöckchen nicht gefunden!«, sagte Oma.

Uns machte das nichts aus. Hauptsache, es ging endlich los! Und der Christbaum stand da und strahlte in seiner ganzen Pracht, schöner als je zuvor. Aber das denke ich jedes Jahr.

Auf den Sesseln und Tischchen lagen die Geschenke. Und auf dem Tisch blinkten die feinen Gläser und der quietschrosa Heringssalat. Und Kartoffelsalat mit Würstchen gab es und duftenden Gewürzkuchen! Und Eiskonfekt lag überall verteilt! Mein Weihnachtshund knurrte heftig bei diesem Anblick.

»Ich glaube, es reicht jetzt, Joachim«, sagte Mama zu Papa und legte ihm die Hand auf seine Finger, die nicht aufhören wollten zu trommeln.

Dann sangen wir Weihnachtslieder und Mama las die Weihnachtsgeschichte vor. Die kenne ich zwar schon in- und auswendig, aber mein Herz hüpft immer noch in die Höhe an der Stelle, wo der Engel zu den Hirten sagt: »Siehe, ich verkündige euch große Freude, die allem Volk widerfahren wird. Denn euch ist heute der Heiland geboren!«

Beim Festessen danach denken wir immer an all die Menschen auf der Welt, die jetzt auch Weihnachten feiern. Viele bekommen nicht so ein Festessen wie wir und auch keine Geschenke. Deshalb geben wir alle unser ganzes Dezember-Taschengeld einer Familie in Afrika, die wir unterstützen. Papa sagt, wir sollen kein schlechtes Gewissen haben, dass es uns so gut geht, sondern lieber dankbar dafür sein und das, was wir haben, mit anderen teilen.

Nach dem Essen gibt es die Geschenke. Ich habe die neuen In-

liner bekommen, die ich mir so sehr gewünscht habe. Und ein schickes rotes Kleid, einen kleinen himmelblauen Roll-Koffer und drei Bücher. Die werde ich jetzt alle in den Weihnachtsferien lesen.

Wenn wir die Geschenke ausgepackt haben, singen wir viele Lieder, bis es Zeit wird, in den Weihnachtsgottesdienst zu gehen. Dort wird auch viel gesungen und spätestens danach ist meine Stimme vollkommen heiser und kratzig. Aber das macht nichts. Ich glaube, die Engel damals, als Jesus geboren wurde, die waren irgendwann auch heiser vor lauter Singen! Und Oma sagt: »Das ist die Jubel-Heiserkeit. Die ist gut für den Hals!«

Am Morgen des ersten Weihnachtsfeiertages haben wir das Glöckchen übrigens wieder gefunden. Es lag beim Jesuskind in der Krippe, unter den Füßen. Eigentlich kann das nur Mia getan haben, aber wann und wie? Sie konnte doch gar nicht ins Zimmer rein!

Es wird wohl ein kleiner frecher Engel gewesen sein …

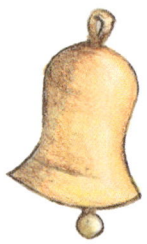

Engel – gibt es die wirklich?

Was glaubt ihr? Gibt es Engel wirklich oder nicht? In den Geschichten der Bibel gibt es sie jedenfalls. Sie bringen den Menschen eine spannende Botschaft von Gott, einen Auftrag oder eine Nachricht. Oder sie trösten oder helfen den Menschen in einer schwierigen Situation. Sie tauchen einfach auf und verschwinden dann wieder. Wie sie genau aussehen, wird dort nicht gesagt, aber goldenes Haar wie Lametta haben sie nicht. Sie sind voller Licht und Klarheit. Trotzdem erschrecken viele zunächst, wenn ein Engel kommt. Denn Engel gehören nicht zu unserer bekannten Welt und das macht auch Angst. Doch weil sie von Gott geschickt wurden, verbreiten sie Freude, Erleichterung und auch Vertrauen. Auf einmal ist die Angst weg. Auf einmal ist der Hunger gestillt und das Vertrauen zu Gott wieder groß.

Ja, in der Bibel sind Engel selbstverständlich. Aber hier bei uns?

Es gibt auch heute Menschen, die von Begegnungen mit Engeln erzählen. Sie haben sie deutlich gesehen oder einfach gewusst: Da war ein Engel, der mich behütet hat. Oder ein Schutzengel hat meine Schwester gerettet.

Und manchmal verbergen sich Engel in ganz normalen Menschen, die unter uns leben und uns Gutes tun. Sie sagen etwas, das uns die Angst nimmt. Sie bringen unser verwirrtes Herz wieder in Ordnung. Sie helfen uns konkret weiter, schenken uns etwas oder überraschen uns mit Freude. Dann ist es wie in der Bibel, als wäre uns ein Engel begegnet. Ein Lichtstrahl von Gott leuchtet in diesen Menschen auf.

Es ist ein großer Trost, dass es sie gibt, diese Engel, in welcher Form auch immer. Wir müssen nicht ohne sie leben. Wir können an sie glauben, wenn wir an Gott glauben. Und vielleicht verbirgt sich auch in uns selbst einmal ein Engel, der anderen Menschen Freude macht.

Engelsflügel als Kerzenverzierung

✳ *Normale, schlanke Kerzen*
✳ *Metallfolie in Gold oder Silber*
✳ *Wachsklebeplättchen (zur Not tut es auch ein Tropfen heißes Wachs, lasst euch dabei von euren Eltern aber helfen!)*
✳ *Bleistift*
✳ *Schere*

Die Zeichnung könnt ihr als Vorlage für die Formen nehmen und entsprechend vergrößern oder ihr zeichnet euch selber die eine Seite eines schönen Flügels auf. Dazu faltet ihr die Goldfolie in der Mitte und übertragt die Engelsflügel mit dem Kniff in der Mitte. Schneidet die Flügel so aus, dass sie doppelt sind. Mit den Wachsplättchen oder mit einem Tropfen heißen Wachs an die Kerzen kleben. Brennen sollten die Kerzen aber nur im Beisein von Erwachsenen!

Wer ist das Christkind? Und woher kommt es?

Das Christkind – ist das denn das kleine Jesuskind, das in der Futterkrippe liegt?

Nein, das Christkind ist eine Erfindung der Menschen, während das Jesuskind ja ein Geschenk Gottes ist.

Das Christkind hat aber auch etwas mit Geschenken zu tun. Wenn wir am Heiligabend unterm Tannenbaum unsere Weihnachtsgeschenke auspacken, dann sagen wir: »Das hat uns das Christkind gebracht!«

Vor vielen Hundert Jahren schon bekamen die Kinder an Weihnachten Geschenke, aber damals waren es die Heiligen, zum Beispiel der Nikolaus, die die Gaben ins Haus brachten. Das Christkind gab es noch nicht. Martin Luther hat dann im sechzehnten Jahrhundert die Kirche verändert. Er wollte den Menschen beibringen, dass Jesus alles für uns getan hat, dass er allein genügt zum Leben und man keine Heiligen braucht. Aber die Kinder wollten ja trotzdem Geschenke haben. Also bestimmte Martin Luther, dass der »Heilige Christ« sie bringt, damit meinte er Jesus.

Sein Vorschlag hat sich jedoch nicht so recht durchgesetzt, er war vielleicht nicht verspielt genug. Es gab aber schon früh die Weihnachtsspiele in den Gottesdiensten, in denen Kinder zur Krippe zogen und dem Jesuskind selber Geschenke brachten. Die nannte man Christkinder, die Kinder also, die zu Jesus gingen. Und daraus hat sich vermutlich die Figur des Christkindes entwickelt, eine kleine Lichtgestalt, die an einen Engel erinnert. Keiner weiß, wo es wohnt und woher es kommt – das ist ein Geheimnis. Und gerade deshalb wurde das Christkind so beliebt.

Das Christkind verbreitet den Zauber des Schenkens und Beschenkt-werdens in den Weihnachtszimmern und erinnert uns daran, dass wir alle – ob groß oder klein – Kinder Gottes sind und beschenkt werden durch die Geburt Jesu.

Bilderrahmen im Knopfdesign

✳ *Holzbilderrahmen*
✳ *Bastelfarbe in der gewünschten Farbe*
✳ *Pinsel*
✳ *Flache Knöpfe*
✳ *Klebstoff*

Streicht den Bilderrahmen in der gewünschten Farbe, sehr schön sieht er in Weiß aus, wenn ihr Perlmuttknöpfe zum Aufkleben habt. Nach dem Trocknen klebt ihr ringsherum die Knöpfe auf den Rahmen und steckt ein schönes Bild von euch in den Rahmen.

Lebkuchenschachteln

✳ *Herz- oder Sternenschachtel*
✳ *Bastelfarbe in Dunkelbraun*
✳ *Pinsel*
✳ *Plusterfarbe in Weiß*
✳ *Liebesperlen und andere Zuckerverzierungen*
✳ *Klebstoff*

Zuerst malt ihr die Schachteln in einem Lebkuchenbraun an. Nach dem Trocknen könnt ihr mit dem Verzieren beginnen. Die Plusterfarbe sieht aus wie der Zuckerguss auf den Lebkuchen und die Liebesperlen klebt ihr mit dem Klebstoff auf. So habt ihr eine schöne Geschenkverpackung.

Hampelbär

* Pappkarton
* 3 schwarze Knöpfe
* 1 dicke Holzperle
* Kordel oder dünnes Geschenkband
* Klebstoff
* Schere
* Bleistift

Die Vorlage für den Hampelbär könnt ihr von der Zeichnung abnehmen und nach Belieben vergrößern. Die erste Ebene ist der Körper und der Kopf in einem Stück, die anderen zwei Ebenen sind jeweils etwa 1 cm kleiner. Die Arme und Beine sind ein Stückchen länger, als sie zu sehen sind, damit der Bär auch hampeln kann. Übertragt die Vorlage auf die Pappe und schneidet sie aus. Klebt nun die einzelnen Ebenen übereinander und die Pfoten aufeinander. Die Knöpfe geben dem Bären ein Gesicht, die Schnauze zeichnest du mit einem Blei- oder Filzstiftstrich. Durch ein kleines Loch am oberen Ende des Kopfes wird eine Kordel gezogen. Bindet am unteren Ende eine Perle an. Die Arme und Beine werden an den Enden gelocht und mit einer Kordel an der langen, durchlaufenden Kordel verbunden, sodass sie sich heben und senken, wenn man an der Kordel nach unten zieht. Unter Umständen müsst ihr die Enden der Beine und Arme abrunden oder etwas kürzen, wenn sie sich im Weg sind.
Nun habt ihr ein ganz tolles selbst gebasteltes Geschenk.

Der Christbaum – was bedeutet er?

Im Gegensatz zu den meisten Bäumen verändern Nadelbäume wie Fichten und Tannen ihr Aussehen im Winter nicht. Sie sind immergrün und darum ein Symbol für Hoffnung und Erneuerung mitten in der dunklen, kalten Zeit. Aus diesem Grund hat man schon sehr früh den Brauch erfunden, zur Weihnachtszeit einen kleinen Tannenbaum ins Haus zu holen: als Zeichen für Weihnachten, das Fest der Geburt Jesu, der unsere Hoffnung ist und das Leben gerade da neu machen kann, wo nichts mehr blühen will.

Das Schmücken der Bäume ist alte Tradition. Rotbackige Äpfel, Papierrosen und Zuckerzeug hängten die Leute schon im 17. Jahrhundert an die Zweige, später waren die Rauschgoldengel beliebter Schmuck, dann kamen die vergoldeten und versilberten Nüsse dazu, das glitzernde Lametta und die Christbaumkugeln und um 1900 sogar Blechspielzeug.

Im Ersten Weltkrieg bekamen die Soldaten Päckchen mit zusammenklappbaren Weihnachtsbäumen geschickt, an denen hingen winzige Zeppeline, Gewehre und Schokobomben! Später wollte man dann nur noch Engelchen, Sterne und so etwas an den Zweigen haben. Der Christbaum sollte aussehen, als sei alles friedlich und schön.

Christbaumkugeln aus Papier

* Dickes Transparentpapier oder farbiges Geschenkpapier
* Perlen mit großen Öffnungen
* Bleistift
* Schere mit Wellenrand, Zacken oder Ähnlichem
* Tacker
* Klebstoff
* Kordel

Schneidet aus dem Papier ganz viele Kreise aus. Ein Wasserglas oder kleiner Teller kann eure Schablone sein. Sehr schön sieht es aus, wenn ihr dazu eine Zackenschere oder eine mit Wellenrand nehmt. Legt nun die Kreise übereinander und tackert sie in der Mitte zusammen. Klebt die Kordel ebenfalls in die Mitte, fädelt am Anfang und am Ende Perlen auf und verknotet sie. Nun könnt ihr die vielen Fächer der Kugel aufbiegen und siehe da, ihr habt eine wunderbare Christbaumkugel.

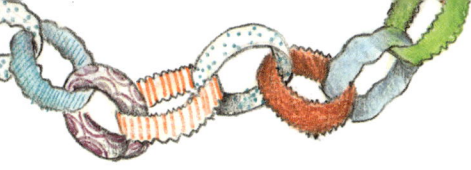

Papprollengirlande

* ✸ Geschenkpapier, Origamipapier, dünne Metallfolie oder Tonpapier
* ✸ Schere, am besten eine Wellen- oder Zackenschere
* ✸ Lineal
* ✸ Bleistift
* ✸ Klebstoff oder Tacker

Das Papier in ganz viele 1,5 oder 2 cm breite und 10 oder bis zu 15 cm lange Streifen schneiden. Sehr schön sieht es aus, wenn ihr dazu eine Wellen- oder Zackenschere nehmt. Klebt die Streifen an einem Ende zusammen oder tackert sie, sodass ein Ring entsteht. Fügt den nächsten Ring ein, sodass eine Kette daraus wird. Besonders toll ist es, wenn ihr ganz lange Ketten für den Tannenbaum oder den Adventskranz macht.

137

25. Dezember

Heiligabend und Weihnachten – lauter Festlichkeiten

Weil Gott auf diese Erde kam als ein kleines Kind in einer Krippe, haben wir an Weihnachten wirklich einen besonders großen Grund zu feiern. Gott ist groß und seine Geburt im Stall von Betlehem ist ein Wunder! Da braucht man mehr als einen Tag, um sich das bewusst zu machen und zu feiern.

Der Hauptfesttag ist der 25. Dezember, der 1. Weihnachtstag. Die Glocken im ganzen Land läuten kräftig zum Weihnachtsgottesdienst und die Posaunen erschallen. Mittags gibt es in vielen Familien ein Festessen.

Aber am Vorabend schon beginnen die Feierlichkeiten: am Heiligabend, auch Christnacht genannt. An die Nacht der Geburt des Jesuskindes wird erinnert, die Nacht, als die Hirten auf den Feldern die Engelschöre hörten, die die frohe Botschaft verkündeten. Es ist auch die Nacht des berühmten Sterns von Betlehem, der die Könige aus dem Morgenland herbeilockte und über dem Stall stand.

In Deutschland und Österreich wird der 26. Dezember als 2. Weihnachtstag begangen. Die Katholiken nennen diesen allerdings anders: Stephanustag sagen sie dazu oder Stefanitag. Sie denken dabei an den heiligen Stephanus, der im ersten Jahrhundert wegen seiner Treue zu Jesus gesteinigt wurde. Er war also auch ein Märtyrer wie die heilige Lucia.

138

Bratäpfel mit Vanilleeis

* ✻ *4 feste, saure Äpfel*
* ✻ *10 g Rosinen*
* ✻ *20 g gehackte Haselnüsse*
* ✻ *2 EL brauner Zucker oder Honig*
* ✻ *1 TL Zimt*
* ✻ *Vanilleeis oder süße Sahne oder Vanillesoße*

Wascht die Äpfel und stecht das Kerngehäuse gründlich aus, aber nicht bis zum Boden, denn sonst läuft die Füllung heraus. Nun mischt ihr die Nüsse und Rosinen mit dem Zimt und dem braunen Zucker oder dem Honig. Füllt die Äpfel mit der Mischung, stellt sie in eine Auflaufform und bratet sie bei 200° im Backofen für etwa 20 Minuten. Serviert werden die Bratäpfel mit dem Vanilleeis oder mit geschlagener süßer Sahne oder Vanillesoße.

Was der Hund Elfi zu Weihnachten speiste

Unsere Elfi ist wirklich eine ungewöhnliche Hunde-Dame. Sie hat einen seltsamen Geschmack. Knochen mag sie zum Beispiel gar nicht, die sind ihr wohl zu sperrig. Sie liebt Chips und Käsehäppchen und Joghurt, um nur ein paar Beispiele zu nennen. Am zweiten Weihnachtsfeiertag saßen wir abends alle im Wohnzimmer. Papa hatte das Radio angestellt, es kam schöne Weihnachtsmusik. Mia und Lorenz bauten ein Legodorf am Amazonas und ich saß auf dem Sofa mit meinem neuen Buch.

Wenn ich ein neues Buch habe, vergesse ich alles um mich herum und lasse mich richtig in die Geschichten fallen. Manchmal vergesse ich sogar, dass ich Lina bin, weil ich das Gefühl habe, ich sei eine der Figuren. Ich saß also da und futterte Marzipankugeln und las und las.

Deshalb hörte ich das Geräusch zunächst auch gar nicht! Aber die anderen hörten es. Und sie fingen auf einmal an zu lachen. Ich schaute auf und sah, wie Papa sich vor Lachen auf die Schenkel schlug und wie Mama sich ein Kissen vors Gesicht hielt, in das sie quietschend hineinkicherte. Lorenz lachte so sehr, dass er mit den Beinen strampelte, und Mia machte es ihm nach. Nur ich wusste nicht, worüber alle lachten. Bis ich das Geräusch hörte, es war durch das Gelächter hindurchzuhören. Und es war ein krachendes, kauendes Geräusch. Elfi machte es. Sie stand am Weihnachtsbaum und futterte die Äpfel, die dort rot und glänzend an den unteren Zweigen hingen! Hat jemand schon einmal einen Hund erlebt, der Weihnachtsschmuck auffrisst? Elfi ging dabei ziemlich elegant vor, ganz die Dame, die sie nun mal ist: Sie knabberte die Äpfel von unten her ab und ließ oben das letzte Stück mit Stil und Faden übrig! An den Zweigen hingen jetzt nur noch diese abgeknabberten Stückchen an den Fäden, ein wirklich sehenswerter Christbaumschmuck!

Oh, wie musste auch ich jetzt lachen! Elfi ließ sich aber durch uns gar nicht beirren. Sie kaute seelenruhig weiter, Apfel für Apfel, und weil sie ein großes Hundemaul hat, ging das alles ziemlich schnell. Schnapp – krach – beiß – kau – schnapp – krach – beiß – kau! Der Weihnachtsbaum wackelte bedenklich.

Dann war Elfi fertig mit ihrer weihnachtlichen Zwischenmahlzeit, leckte sich zufrieden die Lippen und schaute freundlich zu uns her, etwas erstaunt, was wir denn immer noch zu lachen hatten.

»Ich glaube«, sagte Oma, »Elfi weiß jetzt auch, wie Weihnachten schmeckt!«

Christbaumanhänger aus Wachstropfen

✸ *Kerzenreste*
✸ *Streichhölzer*
✸ *Ausstechformen*
✸ *Dünnes Geschenkband*
✸ *Backpapier*

Hier dürft ihr mal mit dem Feuer spielen, aber nur, wenn Erwachsene dabei sind. Legt die Ausstechformen auf das Backpapier und lasst Kerzenwachs in die Form tropfen. Das sieht besonders schön aus, wenn ihr verschiedene Farben verwendet. Nach dem Abkühlen nehmt ihr die Wachsformen heraus und fädelt ein Geschenkband in eine Lücke und verknotet es. Ganz Fleißige können so einen ganzen Christbaum damit schmücken.

Was wird wo gegessen?

Das Weihnachtsfest beschert nicht nur viele Geschenke, sondern auch viel Mühe, vor allem für die Mütter oder Väter, die alles schön machen und Gutes auf den Tisch stellen wollen. Das Hauptfestessen wird am ersten und zweiten Weihnachtsfeiertag verspeist. In Deutschland gibt es deshalb am Heiligen Abend meist nur etwas Bescheidenes zu essen. In Familien mit Kindern ist der Kartoffelsalat samt Würstchen beliebt. Manche essen gern verschiedene Salate, zum Beispiel Heringssalat, Nudelsalat, Reissalat. Die schmecken köstlich und können schon am Tag vorher zubereitet und kalt gestellt werden. Fisch essen auch einige gern an diesem Abend und es gibt die Tradition, einen blauen Karpfen zuzubereiten. Ein anderes Weihnachtsessen ist das Sülzfleisch, das in Norddeutschland bekannt ist: Da wird kalter Braten zusammen mit gekochten Möhren und Zwiebeln in Aspik eingeliert und dann als feine Pastete aufgeschnitten, dazu gibt es Brot.

Zum Hauptessen am ersten Weihnachtsfeiertag stehen dann auf vielen deutschen Tischen die riesengroßen Weihnachtsgänse oder -puten, gefüllt mit Äpfeln und Aprikosen, dazu Rotkohl und Klöße oder Kartoffeln. Hmmm!

Was gibt es denn bei euch zu Weihnachten?

Und wie sieht es in anderen Ländern aus?

In Schweden gibt es ein Gericht zu Weihnachten, das heißt »Janssons Versuchung« und besteht aus einer Art Auflauf, für den Kartoffeln in Schichten mit Anchovisfilets im Ofen gebacken werden. Wichtig sind auch das Safranbrot und der Julschinken, der oft 5–8 Stunden im Ofen vor sich hin bruzzelt.

In Polen liebt man es dagegen süß. »Kutina« heißt ein leckeres Essen aus Buchweizen, Rosinen und getrockneten Feigen, Datteln und Aprikosen, Nüssen und viel Mohn. Auch diese Speise wird kalt serviert.

In Frankreich gibt es ein mehrgängiges, sehr aufwendiges Festmenü, dessen Krönung eine sogenannte »Buche de Noël« (= Weihnachtsklotz) ist, eine Biskuitrolle mit viel Schokolade.

In Portugal isst man ein Fischgericht, zum Beispiel Kabeljau, Stockfisch oder Tintenfisch, und Unmengen von Süßspeisen mit viel Zucker, Zitrone und Zimt.

In Südafrika wird Fleisch gegrillt, das sogenannte »Braai Fleis«, und zwar draußen, denn dort schmelzen die Kerzen am Weihnachtsbaum bei einer Sommerhitze von ungefähr 38 Grad!

In England wie auch in Amerika gibt es traditionell einen »Turkey«, einen Truthahn, der üppig gefüllt auf den Tisch kommt. Zum Nachtisch wird der beliebte Plumpudding flambiert und die Engländer setzen sich dazu Papierhütchen auf und lassen Knallbonbons hochgehen.

Piefkes Weihnachten. Ein Theaterspiel

Wunderbar. Einfach wunderbar soll das Weihnachtsfest bei Piefkes mal wieder werden. Wie immer natürlich. Wenn man diesen gedeckten Tisch da so betrachtet, dann könnte man meinen, es fehlt eigentlich gar nichts mehr. Das feine Geschirr und die Kristallgläser funkeln wie die Sterne! Die Servietten haben den besonderen Knick. Und das Essen erst: Der Karpfen liegt wie eine Eins. Die Meerrettichsoße: der reinste Schnee. Tinchen gräbt den Finger ins Dessert: Weincreme! und schleckt ihn ab. Fritzi zündet die Kerzen am Baum an. Herr Piefke sitzt noch vor dem Fernseher, aus dem irgendwelche süßen Kehlen schmettern. Frau Piefke kommt rein.

»Ach, Harry, Fernsehen an Heiligabend – muss das sein! Nun mach den Kasten mal aus. Benimm dich doch einmal ein bisschen festlich!«

Herr Piefke gehorcht heute mal aufs Wort, steht auf und benimmt sich festlich.

Alle setzen sich und erheben ihr Sektglas, in Tinchens ist allerdings bloß Mineralwasser, aber das sieht man von außen ja nicht.

»Frohe Weihnachten!«, rufen sie, es klingt einstimmig.

Dann nimmt Herr Piefke das Buch, das neben dem Karpfen liegt, eine Bibel, und holt tief Luft. Jetzt kommt die alte Weihnachtsgeschichte an die Reihe. Irgendein Magen knurrt laut, muss aber noch warten. Tinchen kichert.

»Ruhe im Salon!«, sagt Herr Piefke. Tinchen kichert noch mehr.

Da klingelt es an der Tür.

»Haben Meiers von oben mal wieder keine Streichhölzer!« Frau Piefke verdreht die Augen.

Fritzi geht zur Haustür. Man hört, wie er brav »Guten Abend« sagt und dann – nach einer komischen, sehr stillen Pause – sagt er noch was: »Wollen Sie hereinkommen?«

145

»Ja, gern!«, antwortet da eine Stimme. Wer ist das denn, bitte schön?

Herein kommen Fritzi, mit rotem Kopf, und eine große weiße Gestalt mit Flügeln. Könnte ein Engel sein, wenn es so was wirklich geben würde.

»Siehe …«, fängt das Wesen an.

»Was denn, was denn?«, sagt Herr Piefke etwas verwirrt.

Frau Piefke denkt: ›Höflichkeit ist die Mutter aller Tugenden oder so was‹, und bietet einen Platz an. Dann holt sie noch ein Gedeck.

Der Engel (wenn es einer wäre) setzt sich und schaut in die Runde. Alle starren ihn an. Tinchen weiß nicht, ob sie Angst haben soll oder nicht. Ach, lieber nicht, findet sie, sie würde so gern den Flügel berühren, der neben ihr hinaufragt.

»Ich verkünnnnnn … !«, sagt der Engel (könnte immerhin einer sein!).

»Ich bin gerade dabei, die Weihnachtsgeschichte zu lesen«, unterbricht ihn Herr Piefke, räuspert sich und fängt an. »Es begab sich aber zu der Zeit …«

Der Engel (oh!) ist aber hartnäckig und fährt dazwischen: »…dige euch …!«

Herr Piefke lässt sich aber auch nicht beirren und liest weiter. »… dass ein Gebot von dem Kaiser Augustus ausging …«

»… grrrrrrroße Frrrrreude!«, ruft der Engel (!).

»Nun lassen Sie mich erst mal zu Ende lesen, Verehrtester«, sagt Herr Piefke streng wie ein richtiger Hausvater.

Frau Piefke schaut mit extragroßen Augen extra-deutlich auf das Essen. Sie hofft, der Appetit wird dem Engel bei diesem Anblick die Sprache verschlagen. »Wir haben alle großen Hunger, Sie auch?«, sagt sie aufmunternd. Und er nickt ihr auch tatsächlich stumm zu. Da ist Frau Piefke sehr zufrieden mit sich und dem Essen.

Herr Piefke liest weiter. Bis zu der allseits bekannten Stelle mit den Hirten auf dem Felde und so weiter.

146

Die scheint den Engel vom Hocker zu reißen. Er steht auf, knistert mit den Flügeln und singt: »Euch ist heute der Heiland geboren!«

»Lass ihn doch, Harry«, sagt Frau Piefke, als sie sieht, wie ärgerlich Herr Piefke über diesen ewigen Unterbrecher ist.

Fritzi und Tinchen grinsen. Der gefällt ihnen.

Aber er geht jetzt aus dem Zimmer, winkt ihnen noch mal über die Schulter zu. Schließt die Haustür, klack.

Und Piefkes Weihnachten geht weiter.

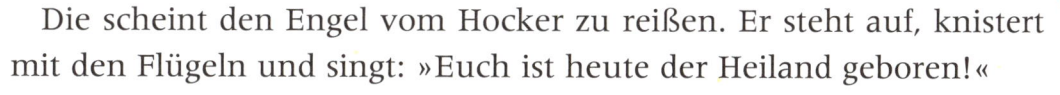

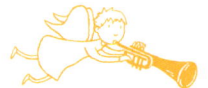

O du fröhliche

Text: Strophe 1 Johannes Daniel Falk (1816) 1819,
Strophen 2 +3 Heinrich Holzschuher 1829
Melodie: Sizilien vor 1788, bei Johann Gottfried Herder 1807

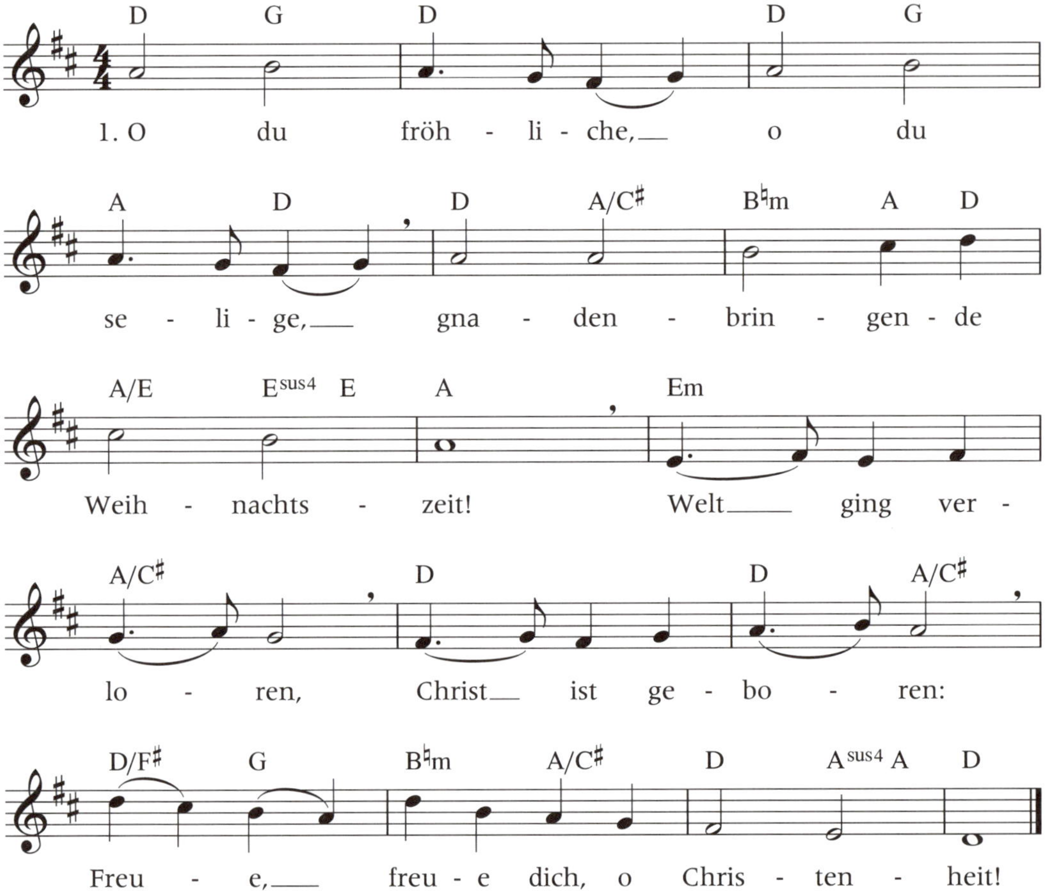
D G D D G
1. O du fröh - li - che, o du
A D D A/C♯ B♮m A D
se - li - ge, gna - den - brin - gen - de
A/E Esus4 E A Em
Weih - nachts - zeit! Welt ging ver -
A/C♯ D D A/C♯
lo - ren, Christ ist ge - bo - ren:
D/F♯ G B♮m A/C♯ D Asus4 A D
Freu - e, freu - e dich, o Chris - ten - heit!

O du fröhliche, o du selige,
gnadenbringende Weihnachtszeit!
Christ ist erschienen, uns zu versühnen:
Freue, freue dich, o Christenheit.

O du fröhliche, o du selige,
Gnadenbringende Weihnachtszeit!
Himmlische Heere jauchzen dir Ehre:
Freue, freue dich, o Christenheit!

150

Weihnachten

Markt und Straßen stehn verlassen,
still erleuchtet jedes Haus,
sinnend geh ich durch die Gassen,
alles sieht so festlich aus.

An den Fenstern haben Frauen
buntes Spielzeug fromm geschmückt,
tausend Kindlein stehn und schauen,
sind so wunderstill beglückt.

Und ich wandre aus den Mauern
bis hinaus ins freie Feld,
hehres Glänzen, heilges Schauern!
Wie so weit und still die Welt!

Sterne hoch die Kreise schlingen,
aus des Schnees Einsamkeit
steigt's wie wunderbares Singen –
o du gnadenreiche Zeit!

Joseph von Eichendorff

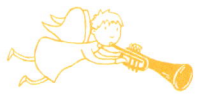

Stille Nacht!

Text: Joseph Mohr (1816) 1838
Melodie: Franz Xaver Gruber (1818) 1838

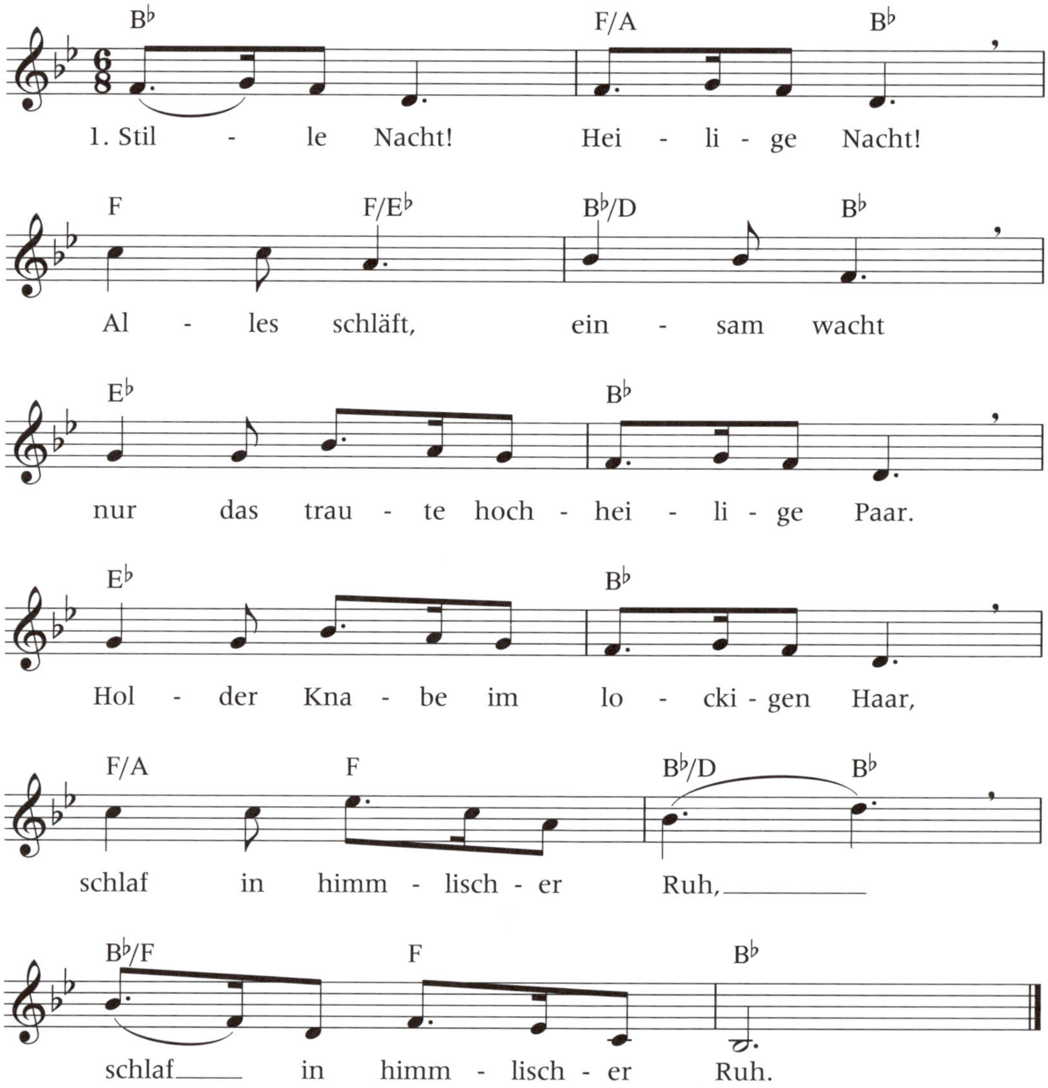
B♭ F/A B♭
1. Stil - le Nacht! Hei - li - ge Nacht!
F F/E♭ B♭/D B♭
Al - les schläft, ein - sam wacht
E♭ B♭
nur das trau - te hoch - hei - li - ge Paar.
E♭ B♭
Hol - der Kna - be im lo - cki - gen Haar,
F/A F B♭/D B♭
schlaf in himm - lisch - er Ruh,
B♭/F F B♭
schlaf in himm - lisch - er Ruh.

Stille Nacht, heilige Nacht!
Hirten erst kundgemacht;
durch der Engel Halleluja
tönt es laut von fern und nah:
Christ der Retter ist da,
Christ der Retter ist da.

Stille Nacht, heilige Nacht!
Gottes Sohn, o wie lacht
Lieb aus deinem göttlichen Mund,
da uns schlägt die rettende Stund,
Christ, in deiner Geburt,
Christ, in deiner Geburt.

31. DEZEMBER

Zisch und Blei – und das alte Jahr geht vorbei!

Tante Anke rief in der Woche nach Weihnachten bei uns an und heulte ins Telefon, weil sie ihr Auto zu Schrott gefahren hatte. Sie war bei Schneeregen von der Fahrbahn abgekommen und hatte sich mit dem Wagen überschlagen. »Ich bin völlig durcheinander seither!«, sagte sie zu Papa. »Ich trau mich noch nicht mal, mit dem Zug zu Lilis Silvesterparty zu fahren, weil ich noch immer so zittrig bin von dem Unfall.«

»Ach, Schwesterherz«, sagte Papa zu ihr, »wir sind so froh, dass du nicht verletzt wurdest! Und weißt du was, ich hole dich mit dem Auto ab und du feierst bei uns Silvester, wie wäre das?«

Das fand Tante Anke eine tolle Idee. Sie fiel ihm quasi durchs Telefon hindurch um den Hals und rief: »Bruderherz, wenn ich dich nicht hätte!«

Schwesterherz und Bruderherz – ob Lorenz und ich auch mal so reden werden, wenn wir groß sind? Ich finde es immer sehr aufregend, mir vorzustellen, wie es später

wohl alles so sein wird. In der Zukunft. Das Wort Zukunft ist so geheimnisvoll, finde ich. Ich hätte gern ein Zauberfernrohr, durch das ich in die Zukunft sehen kann. Aber nur für einen kleinen Moment, nur um einen winzigen Blick auf das Leben werfen zu können, das die große Lina einmal leben wird.

Aber vielleicht wäre das auch ganz langweilig, wenn ich es schon vorher wüsste. Was sollte ich damit auch anfangen?

»Was zählt, ist das, was jetzt ist«, sagt Mama immer.

Und jetzt war also Silvester. Und Papa holte Tante Anke ab. Lorenz fuhr mit und Mama, Oma und ich bereiteten währenddessen das Essen für unsere Silvesterfeier vor. Wir wollten Raclette machen, das mag ich sehr, weil man sich selber die kleinen Pfännchen mit den Zutaten zubereiten kann. Wir schnitten Ananas klein, Champignons, Silberzwiebeln, Salami, Paprika und geräucherten Schinken. Oma machte noch einen guten Joghurtdip für die Kartoffeln. Am wichtigsten war natürlich der Käse, der so intensiv riecht und noch Tage nach jedem Raclette im Zimmer seinen Duft verbreitet.

Als es schon dunkel wurde, kamen die drei endlich bei uns an. Durchs Küchenfenster sah ich, wie Tante Anke in ihrem bodenlangen Mantel aus dem Auto stieg. Lorenz trug ihre quietschrosa Reisetasche ins Haus.

»Hallo, ihr Lieben!«, rief Tante Anke und drückte uns wie immer fast den Hals ab bei der Begrüßung. Sie liebt »ihre Familie«, sagt sie immer, aber selber will sie keine haben, weil sie ihre Freiheit braucht.

»Was ist deine Freiheit?«, habe ich sie mal gefragt.

»Dass ich auch morgen noch tun kann, was mir passt, nicht nur heute!«, hat sie geantwortet. Das habe ich nicht richtig verstanden.

Wir waren also endlich alle beisammen und konnten mit dem Feiern loslegen. Immerhin hatten wir nur bis Mitternacht Zeit! Denn danach mussten wir Kinder ins Bett.

Als Erstes aßen wir Raclette. Dann spielten wir Gesellschaftsspiele. Berufe raten zum Beispiel. Tante Anke stellte sich mitten ins Zimmer, legte ihre Hand über ihre Augen wie ein Schild gegen die Sonne und schaute stumm in irgendeine Ferne.

»Bademeister!«, rief ich. Tante Anke schüttelte den Kopf.

Aber mehr fiel mir nicht ein und den anderen auch nicht. Ratlos sahen wir uns an. Was sollte das denn für ein Beruf sein?

Da krabbelte auf einmal Mia über den Teppich zu Tante Anke und schmiegte ihren Kopf an ihre Beine. Jetzt bückte sich Tante Anke zu ihr runter und streichelte Mias Rücken, als sei sie ein Tier. Dann aber stand sie weiter so da wie vorher, kerzengerade und langsam umherschauend.

»Ah, ich weiß es!«, rief Papa endlich. »Du bist ein Hirte!«

»Ja!«, rief Lorenz, »und Mia ist ein Schaf.«

Tante Anke lachte und nickte. Und wir anderen lobten Mia für ihren

Auftritt, der das Rätsel gelöst hatte. Den hatte sie natürlich gar nicht geplant. Aber das ist ja überhaupt immer das Beste, wenn einfach plötzlich irgendwas passiert, das den Knoten zum Platzen bringt.

Dann tranken wir Kinderpunsch und knackten Nüsse und erzählten Witze.

Es war sehr gemütlich und noch immer nicht Mitternacht. Aber bald, bald würden die Feuerwerke ringsum losgehen und knallen. Papa kauft leider nie welche. »Ich schmeiß doch mein Geld nicht für so was zum Fenster raus!«, sagt er jedes Jahr. Aber dann guckt er doch immer am allerneugierigsten vom Balkon aus zu, wie die Nachbarn die China-Kracher in den Nachthimmel hinaufsausen lassen.

»Ich habe noch eine Überraschung mitgebracht«, sagte Tante Anke. »Blei zum Bleigießen!«

»Bleigießen? Hä?«, riefen Lorenz und ich.

Tante Anke war wieder stumm wie ein Hirte und holte einen Löffel und verschiedene kleine silbrige Klumpen aus der Tasche. Sie ging in die Küche und kam mit einer Schüssel voll Wasser zurück. Dann stellte sie eine brennende Kerze vor sich auf den Tisch und hielt einen Bleiklumpen auf dem Löffel über die Flamme. Wir anderen saßen gespannt drum herum. Nur Papa machte ein düsteres Gesicht,

brummte irgendwas von »Hokuspokus« und stand auf. »Ich guck mal schnell, was die im Fernsehen zu Silvester bringen. Ist doch auch mal interessant«, sagte er.

Aber Tante Anke hielt ihn mit ihrer freien Hand am Ärmel fest. »Nee, nee, Joachim, hiergeblieben! Dieser Klumpen ist für dich! Wir gucken jetzt mal, was das neue Jahr dir bringen wird!«

Er musste sich also wieder hinsetzen und zugucken, wie der Blei-klumpen zu Flüssigkeit zerschmolz, die wie ein Spiegel glänzte. Plötz-lich machte Tante Anke mit der Hand einen Ruck und zisch! glitt die Bleiflüssigkeit in das Wasser. Wir beugten uns alle darüber, um zu sehen, was jetzt passiert war: Es war im Nu eine Form entstanden, weil das Blei im Wasser hart geworden war. Tante Anke holte sie mit dem Löffel heraus.

»Ganz klar, Joachim, das ist ein Flugzeug! Seht ihr das auch, Kin-der? Ein Flugzeug! Du wirst bestimmt irgendwo hinfliegen im neuen Jahr. Schöne Aussichten!« Tante Anke war ganz begeistert. Aber ehr-lich gesagt, konnte ich nicht sehen, was an diesem Bleiding ein Flug-zeug sein sollte.

Oma und Mama guckten auch ziemlich skeptisch. Oma sagte: »Hm, wieso soll dieses Ding irgendetwas von Joachims Zukunft wissen?«

Mama lachte und nickte. »Liebe Anke, ich glaube nicht an Blei!«

»Und ich glaube nur an Gott«, lachte Papa. »Da brauche ich kein Blei zu fragen, was mir das neue Jahr bringen wird.«

»Das steht alles in Gottes Hand, Anke, nicht auf deinem Löffel!«
Oma zog Anke an ihrem Zopf.

»Aber wenn alles in Gottes Hand ist, warum schützt er uns nicht
besser?«, fragte Tante Anke. »Ich hatte diesen Unfall und jetzt habe
ich Angst, dass im neuen Jahr wer weiß was noch alles passieren
könnte!«

»Trotzdem kannst du Gott vertrauen«, sagte Mama. »Er ist da, egal
was geschieht. Und er steht uns bei. Da können wir das neue Jahr
getrost in seine Hände legen.«

In dem Moment ging draußen das Feuerwerk los. Es knallte und
explodierte überall und wir rannten alle die Treppe rauf und auf den
Balkon.

»Frohes neues Jahr!«, rief Tante Anke und ließ einen Sektkorken
knallen. Er verschwand irgendwo im dunklen Garten.

»Schalom!«, rief Papa.

»Schalom!«, schrien wir Kinder. Und Schalom heißt Frieden.

Von guten Mächten treu und still umgeben

lText: Dietrich Bonhoeffer (1944) 1945/1951 / Melodie: Siegfried Fietz 1970

Von gu-ten Mäch-ten treu und still um-ge-ben,

be-hü-tet und ge-trös-tet wun-der-bar,

so will ich die-se Ta-ge mit euch le-ben

und mit euch ge-hen in ein neu-es Jahr.

Kehrvers

Von gu-ten Mäch-ten wun-der-bar ge-bor-gen,

er-war-ten wir ge-trost, was kom-men mag.

Gott ist bei uns am A-bend und am Mor-gen

und ganz ge-wiss an je-dem neu-en Tag.

160

Noch will das alte unsre Herzen quälen,
noch drückt uns böser Tage schwere Last.
Ach Herr, gib unsern aufgeschreckten Seelen
das Heil, für das du uns geschaffen hast.

Kehrvers:
Von guten Mächten wunderbar geborgen,
erwarten wir getrost, was kommen mag.
Gott ist bei uns am Abend und am Morgen
und ganz gewiss an jedem neuen Tag.

Doch willst du uns noch einmal Freude schenken
an dieser Welt und ihrer Sonne Glanz,
dann wolln wir des Vergangenen gedenken,
und dann gehört dir unser Leben ganz.

Kehrvers

Lass warm und hell die Kerzen heute flammen,
die du in unsre Dunkelheit gebracht,
führ, wenn es sein kann, wieder uns zusammen.
Wir wissen es, dein Licht scheint in der Nacht.

Kehrvers

Wenn sich die Stille nun tief um uns breitet,
so lass uns hören jenen vollen Klang
der Welt, die unsichtbar sich um uns weitet,
all deiner Kinder hohen Lobgesang.

Kehrvers

Von guten Mächten wunderbar geborgen,
erwarten wir getrost, was kommen mag.
Gott ist mit uns am Abend und am Morgen
und ganz gewiss an jedem neuen Tag.

Dietrich Bonhoeffer war ein Mann, der sein Leben ganz in Gottes Hände gelegt hatte. Er lebte in der Zeit des Zweiten Weltkrieges und setzte sich dafür ein, dass die Nazis ihre böse Macht verloren. Er riskierte dafür sogar sein Leben, denn die Nazis verfolgten alle, die ihren schrecklichen Ideen nicht glaubten. Bonhoeffer war Pfarrer und ließ sich von niemandem vorschreiben, was er predigte, sondern verkündigte das Wort Gottes so, wie er es von der Bibel her verstand. Schließlich warfen die Nazis ihn ins Gefängnis. Dort schrieb er viele Briefe an seine Freunde und Familie und betete zu Gott, dass er wieder freikäme. Die Hoffnung, je wieder in Freiheit leben zu können, schwand aber immer mehr, denn die Nazis waren grausam. Trotzdem ließ Bonhoeffer sein Vertrauen auf Gott nicht los. Er spürte, dass Gott bei ihm war und dass die Nazis dagegen nichts unternehmen konnten.

Als das Jahr zu Ende ging und er allein in seiner Zelle saß, schrieb er das Lied »Von guten Mächten treu und still umgeben«, das wir heute noch singen. Es erzählt von dem Trost und der Geborgenheit, die wir bei Gott finden können, was auch immer geschieht.

Bonhoeffer verlor seinen Kampf gegen die Nazis hier auf der Erde. Er wurde von ihnen umgebracht. Aber auch noch kurz vor seinem Tod war er sicher, dass er sein Leben gar nicht verlieren konnte, dass es nach dem Tod neu beginnen würde – denn in seinem Herzen wusste er: Jesus hat den Tod überwunden und schenkt ewiges Leben.

Was denken in der Neujahrsnacht
die Tiere und die Menschen?

Was denken in der Neujahrsnacht
Die Kater und die Katzen?
Sie denken, dass im alten Jahr
Der Mausefang bescheiden war,
Und strecken in das neue Jahr
Begehrlich ihre Tatzen.

Was denken in der Neujahrsnacht
Die Pudel und die Möpse?
Sie denken, dass nicht jeder Tag
Ein Knochen auf dem Teller lag,
Und wünschen für den Neujahrstag
Sich Leberwurst und Klöpse.

Was denken in der Neujahrsnacht
Die Vögel hierzulande?
Sie denken an die Storchenschar,
Die hier im Sommer fröhlich war
Und die nun wandelt, Paar um Paar,
Im warmen Wüstensande.

Was denken in der Neujahrsnacht
Die Knäblein und die Knaben?
Sie denken, ob der Frost bald weicht
Und ob ein Mensch den Mond erreicht
Und ob sie nächstes Jahr vielleicht
Schuhgröße vierzig haben.

164

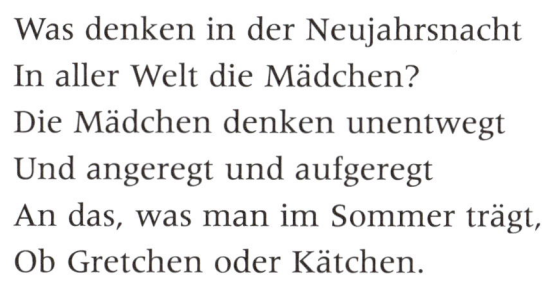

Was denken in der Neujahrsnacht
In aller Welt die Mädchen?
Die Mädchen denken unentwegt
Und angeregt und aufgeregt
An das, was man im Sommer trägt,
Ob Gretchen oder Kätchen.

Was denken in der Neujahrsnacht
Die alten, alten Leute?
Sie denken unterm weißen Haar,
Wie sonderbar das Leben war
Und dass das Glück sie wunderbar
Geleitet hat bis heute.

James Krüss

1. JANUAR

Zum neuen Jahr

Wie heimlicher Weise
Ein Engelein leise
Mit rosigen Füßen
Die Erde betritt,
So nahte der Morgen,
Jauchzt ihm, ihr Frommen,
Ein heilig Willkommen,
Ein heilig Willkommen!
Herz, jauchze du mit!

In Ihm sei's begonnen,
Der Monde und Sonnen,
An blauen Gezelten
Des Himmels bewegt.
Du, Vater, du rate!
Lenke du und wende!
Herr, dir in die Hände
Sei Anfang und Ende,
Sei alles gelegt!

Eduard Mörike

Tante Anke schlief am Neujahrsmorgen am längsten aus. Wir hatten alle schon gefrühstückt, es gab frische Krapfen und es waren nur noch zwei übrig, als sie endlich in die Küche kam.

»Einen schönen neuen guten Morgen«, sagte sie und gab mir einen Kuss auf den Kopf.

Wir schauten zu, wie sie die Krapfen aß und ihren Kaffee schlürfte, und sie erzählte uns einen Traum, den sie in der Nacht gehabt hatte.

»Ich war auf einem Leuchtturm, der mitten im Meer stand. Die Wellen gingen hoch und es war Nacht. Ich war zuerst ganz allein und stand da und schaute aus den großen Fenstern des Leuchtturms. Die Lichtkegel gingen aufs Meer hinaus, das war sehr aufregend, man konnte nur die Wellen im Licht sehen. Aber dann stand auf einmal jemand hinter mir. Und mir wurde ganz warm und sicher zumute. Als ich mich umdrehte, war die Person weg. Ich guckte dann wieder übers Meer und da war sie wieder hinter mir.«

Tante Anke schaute sehr zufrieden in die Runde.

»Und was passierte dann?«, fragte Lorenz.

»Dann merkte ich, wie mir diese Person meine Kette abmachen wollte, die ich um den Hals trug! Es war eine Kette mit einem Bleiklumpen dran. Aber das wollte ich nicht. Ich habe den Kopf geschüttelt. Die Person verschwand wieder. Da wurde die Kette immer schwerer und schwerer! Und da habe ich sie mir selber vom Hals gerissen und aus dem Fenster geschmissen. Und als ich mich

dann umdrehte, war die Person zu sehen, es war eine fremde Frau, sie guckte ganz freundlich und war schon wieder weg.«

»Ein wundervoller Traum für das neue Jahr«, sagte Mama.

Tante Anke biss sich auf die Lippen. »Wieso?«, fragte sie und runzelte die Stirn.

»Na, du wirst etwas ganz Schweres verlieren! Blei, eine unsinnige Last oder so etwas!«, meinte Mama.

»Spielst du jetzt Wahrsagerin?«, fragte Papa.

»Nein«, antwortete Mama, »aber Träume sprechen manchmal von Dingen, die auf uns zukommen. Sie wissen vieles, was wir erst noch lernen müssen.«

Oma nickte. »Ja, Anke, das Blei in dem Traum ist vielleicht ein Bild für deine Angst vor dem, was noch Schlimmes passieren könnte. Die wirfst du weg!«

»Das hört sich gut an«, sagte Tante Anke nachdenklich.

Ich hatte die ganze Zeit zugehört und mir den Zucker von den Lippen geleckt. Aber jetzt hatte ich keine Lust mehr auf Tante Ankes Traum und ihr Blei und all die schlauen Gedanken der Großen. Ich wollte raus und durch das neue Jahr spazieren.

Und das tat ich dann auch.

Als wir endlich vom Tisch aufstehen durften, zog ich mich warm an und ging. Und zwar ganz schnell und heimlich, damit Lorenz und Mia nicht etwa auf die Idee kamen und mitgingen. Ganz allein wollte ich raus! Nur ich und das neue Jahr.

Zuerst ging ich die Straße runter bis zur Ecke. Überall lagen Reste von Feuerwerkskörpern und Knallbonbons herum, der ganze Silvestermüll. Es war still. Kein Auto fuhr, kein Mensch war zu sehen. Ich guckte in den Himmel, der grau und trübe über allem hing. ›Wie Blei‹, dachte ich, ›und nicht besonders neu.‹

Aber trotzdem kam es mir so vor, als würde irgendetwas auf mich warten. Irgendetwas, das nur für Lina Stubenbauers neues Jahr galt.

So etwas wie Tante Ankes Traum. Aber was würde es sein? Ich wurde immer neugieriger und machte mich auf die Suche.

Schließlich kam ich zum Friedhof, der ganz in der Nähe unseres Hauses liegt. Ich öffnete das Tor und ging hinein. Hier war es noch stiller, aber das gefiel mir und ich spazierte herum und las die Namen auf den Grabsteinen.

Gerade als ich wieder rausgehen wollte, sah ich ein Eichhörnchen, das von einem Baum vor mir auf die Erde sprang. Es lief eilig hierhin und dahin und huschte fröhlich über die Gräber.

Ich folgte ihm bis zum anderen Ende des Friedhofs. Dort ist das Grab von Opa. Er ist schon ganz früh gestorben, wir Kinder haben ihn nie gekannt. Oma ist schon lange Witwe. Sie erzählt manchmal von ihm, wie gut er Stepp tanzen konnte und wie gern er Krimis gelesen hat, auch noch, als er so krank wurde.

Plötzlich passierte etwas ganz Seltsames: Das Eichhörnchen sprang genau auf Opas Grab! Es hüpfte darauf herum. Ich ging ganz nah an das Grab heran. Da schaute das Eichhörnchen mich

mit seinen Augen an, schwarz wie Stecknadelköpfe, und zwar ziemlich lange! Ich bewegte mich nicht und guckte nur zurück. Und da kam es mir so vor, als würde das Eichhörnchen mich von Opa grüßen. Dann rannte es auf und davon – und weg war es!

Auf einmal wusste ich es. Ich meine, ich wusste, was auf mich gewartet hatte. Ich hatte es gefunden: Stepp tanzen wollte ich in diesem Jahr lernen! Ja, das wollte ich! So wie Opa. Das war eine wundervolle Idee, und ich merkte schon, wie es in meinen Füßen zu kribbeln anfing. Am liebsten hätte ich gleich losgelegt!

Ich hüpfte fröhlich nach Hause und fragte Papa gleich, ob er mal im Internet für mich was nachschauen könnte.

»Was denn?«, fragte er.

»Wo es einen Kurs für Stepptanz gibt«, antwortete ich und machte ein geheimnisvolles Gesicht. Aber ich verriet nicht, woher die Idee kam. Das war mein Geheimnis.

»Stepptanz?«, fragte Oma. »Du willst Stepp tanzen?«

Ich nickte.

»Dann schenke ich dir die Schuhe dazu!«, rief sie begeistert und klatschte in die Hände. »Ach, wie hätte Opa sich gefreut!«

»Oh danke, Oma!« Ich fiel ihr um den Hals.

Am Nachmittag gingen wir alle in den Gottesdienst. Der Christbaum strahlte, und als die Glocken hinterher läuteten, kribbelte es mir schon wieder in den Füßen.

Da hakte ich mich bei Oma und Tante Anke ein und erzählte ihnen doch mein Geheimnis von dem Eichhörnchen und von Opas Gruß. Es musste einfach sein.

Tante Anke sagte: »Das neue Jahr beginnt ja so verheißungsvoll, dass ich gar keine Lust mehr habe, mir Sorgen zu machen.«

»Es gibt nichts Spannenderes als der Beginn eines neuen Jahres«, meinte Oma. »Nicht mal ein Krimi ist spannender. Das fand sogar Opa!«

Neujahrskarten mit Schornsteinfeger

* Klappkarten in den gewünschten Farben
* Schwarzes Tonpapier
* Bleistift
* Schere
* Doppelseitiges Klebeband

Übertragt den Schornsteinfeger als Vorlage von der Zeichnung auf das schwarze Tonpapier und schneidet ihn aus. Faltet aus einem Streifen schwarzen Tonpapiers, der 1 cm breit und 60 cm lang ist, eine Hexentreppe. Dabei wird der Streifen von der Mitte aus rechtwinklig miteinander verkreuzt. Klebt die Hexentreppe zuerst mit dem Klebestreifen in die Klappkarte, den Schornsteinfeger an die andere Seite. Nun springt euch der schwarze Kerl an, wenn ihr die Klappkarte öffnet!

Glücksklee mit Glücksschwein

* Glückskleesamen
* Blumentopf
* Blumenerde
* Bastelfarbe in Grün
* Pinsel
* Fotokarton in Rosa
* Kleine Holzspieße

Zuerst malt ihr den Blumentopf grün an. Danach könnt ihr den Klee ansähen. Die Vorlage für das Schweinchen könnt ihr von der Zeichnung übernehmen und entsprechend vergrößert auf den Fotokarton übertragen. Schneidet das Schweinchen aus und klebt es an den Holzspieß. Nun müsst ihr etwa 4 Wochen warten, bis der Klee gewachsen ist. Dann habt ihr ein schönes Geschenk.

Neue Kerzen ziehen

* Kerzenreste
* Hohes, feuerfestes Gefäß
* Topf für Wasserbad
* Docht zum Kerzenziehen, evtl. schon vorgewachst
* Holzstäbchen

Die Kerzenreste sollten so weit als möglich von den Dochten befreit und nach Farben sortiert sein. Nun erwärmt ihr das Wachs im Wasserbad, dabei solltet ihr euch unbedingt von einem Erwachsenen helfen lassen. Vorsicht, Wachs kann sich an einer offenen Flamme entzünden, was gefährlich ist, vor allem wenn man einen Gasherd hat. (Wachs niemals mit Wasser löschen, sondern die Flamme mit einer Decke ersticken!) Einen Docht mit einer Länge von etwa 1 m abschneiden und beide Enden gleichzeitig in das abgekühlte Wachs hängen, so zieht man gleichzeitig zwei Kerzen. Die Temperatur sollte so sein, dass sich schon fast eine dünne Haut auf der Oberfläche bildet. Taucht den Docht immer wieder in den Topf, bis die Kerzen dick genug sind. Dann hängt ihr die Kerzen zum Abkühlen auf. So eine selbst gezogene Kerze ist ein tolles Geschenk, auch wenn Weihnachten schon vorbei ist.

6. JANUAR

Stern über Betlehem

Text und Melodie: Alfred Hans Zoller 1964

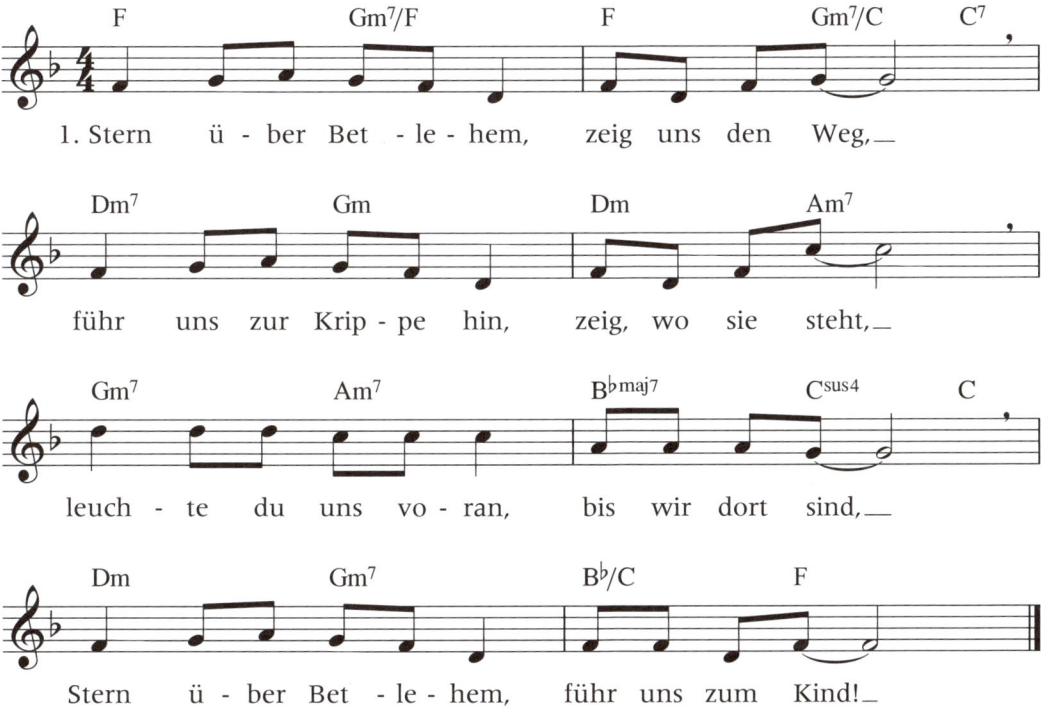

1. Stern über Betlehem, zeig uns den Weg,—
führ uns zur Krippe hin, zeig, wo sie steht,—
leuchte du uns voran, bis wir dort sind,—
Stern über Betlehem, führ uns zum Kind!—

Stern über Betlehem, bleibe nicht stehn.
Du sollst den steilen Pfad vor uns her gehn!
Führ uns zum Stall und zu Esel und Rind,
Stern über Betlehem, führ uns zum Kind!

Stern über Betlehem, nun bleibst du stehn
und lässt uns alle das Wunder hier sehn,
das da geschehen, was niemand gedacht,
Stern über Betlehem, in dieser Nacht.

Stern über Betlehem, wir sind am Ziel,
denn dieser arme Stall birgt doch so viel!
Du hast uns hergeführt, wir danken dir.
Stern über Betlehem, wir bleiben hier!

Stern über Betlehem, kehrn wir zurück,
steht noch dein heller Schein in unserm Blick,
und was uns froh gemacht, teilen wir aus,
Stern über Betlehem, schein auch zu Haus.

Balthasars großes Abenteuer

Die Sonne ging auf im Morgenland. Ein neuer Tag begann mit dem heftigen Gezwitscher Tausender blaugrün-gesprenkelter Vögel, die in den Bäumen vor dem Königspalast saßen. Balthasar, der König, hatte gerade sein Morgenbad genommen und ging nun in seinem seidenen Hausmantel zum Frühstück. Er aß immer oben auf dem Dach und liebte es, mit dem Kaffeebecher in der einen und dem Honigbrot in der anderen Hand am Geländer zu stehen und hinunterzuschauen auf das kunterbunte Leben der normalen Menschen, die unten auf dem Basar ihre Hühner rupften und ihre Teppiche verkauften und mit denen er leider in seinem Leben wenig zu tun hatte. Wie er das bedauerte! In seinem Herzen war er doch eigentlich wie sie! Das wusste er, seit er als Junge einmal fortgelaufen war und sich in einem leeren Heringsfass beim Fischmarkt versteckt hatte. Oh ja, er hatte alles gehört, was sie sprachen und wie sie schimpften und lachten! Und als er dann in der Dunkelheit wieder herausgeklettert und in den Palast zurückgekehrt war, wo seine Mutter ihn wegen seines üblen Fischgestanks schimpfte, hatte er mit frohem Herzen gewusst: Wir sind alle gleich, wir Menschen – ob König oder Händler, Marktfrau oder Königin! Das hatte ihm das Regieren später leichtgemacht. Denn er hielt nicht zu viel von sich selbst und konnte lachen, auch über sich. Die Sehnsucht aber, näheren Umgang mit seinem Volk zu haben, blieb und machte ihn zuweilen unruhig.

Heute hatte Balthasar Frühstücksbesuch. Seine beiden Freunde würden kommen: Melchior und Caspar, die beiden Nachbarkönige, mit denen er oft Schach spielte oder zur Tigerjagd in die Berge ritt. Sie kamen pünktlich wie die Könige, das war klar, und die drei machten es sich auf den Kissen bequem und tunkten ihr Brot in den Honigtopf.

»Freunde«, begann Melchior nach einer Weile, in der sie stumm und genüsslich ihren Kaffee geschlürft hatten, »ich habe heute Nacht etwas entdeckt, das ich euch gern zeigen würde. Kommt heute um Mitternacht zu mir, dann werdet ihr so staunen wie ich!«

Das hörte Balthasar gern. Er liebte solche Ankündigungen. Er liebte es, mitten in der Nacht aufzubrechen. Caspar war da ganz anders.

»Um Mitternacht?«, raunzte er. »Da schlafe ich!«

»Heute Nacht nicht«, bestimmte Melchior, »heute Nacht wirst du staunen. Das hast du bitter nötig, alter Freund. Du verschimmelst ja schon in deiner königlichen Trägheit!«

»Heißa, das ist wahr gesprochen! Ich bin dabei!«, rief Balthasar und rieb sich die Hände.

Der Tag ging ihm viel zu langsam vorbei. Als die Freunde fortgeritten waren, versuchte er, sich brav auf seine Arbeit zu konzentrieren, tunkte bedächtig die Feder in die Tinte und setzte seinen Namen unter die fälligen Briefe, die unentwegt für den Frieden in alle umliegenden Länder geschickt werden mussten. Aber mit den Gedanken war er bei Melchiors Überraschung. Worum es sich wohl handelte? Was wohl so zum Staunen war?

Endlich: Die Nacht brach herein, die Lichter im Palast wurden gelöscht, das Dienstpersonal ging schlafen. Balthasar schlich leise in den Stall und sattelte sein Pferd Kussmaul. Er wollte nicht gesehen werden. Es war doch viel aufregender, heimlich fortzureiten!

Er ritt durch die Nacht und sein Königsumhang bauschte sich zu Flügeln, sodass ihm war, als würde er fliegen. Er fühlte sich ganz berauscht und von einer großen Ahnung angetrieben. Irgendetwas Neues würde geschehen! Ja, das spürte er, endlich würde etwas Neues geschehen!

Die Nacht war mild, der Himmel sternenklar. Als er bei Melchiors Palast angekommen war und vom Pferd stieg, schaute er hinauf und nickte dem Firmament ehrfürchtig zu. Der Himmel war noch immer der eigentliche Herrscher, daran war nicht zu zweifeln. Wer solche

Sterne blinken ließ, war mächtig und groß. Er, Balthasar, konnte das nicht. Melchior auch nicht. Und Caspar? Der erst recht nicht.

Melchior stand oben mit einer Fackel an der Tür und wartete schon auf ihn. Immerhin, Caspar war auch schon da, hatte also nicht verschlafen, wer hätte das gedacht.

Melchior führte sie auf das Dach seines Palastes. Er hatte dort ein riesengroßes Fernrohr stehen. Sternguckerei war seine Leidenschaft, das war bekannt.

»Caspar, du zuerst!«, flüsterte er. Wieso flüsterte er denn? Hier hörte sie doch niemand.

Caspar stellte sich an das Fernrohr und guckte hindurch. Er blieb lange so stehen und Balthasar hörte nur, wie er schwer atmete und wie Melchior seine Fingerknöchel knacken ließ. Irgendwo sang eine Nachtigall.

»Jetzt ich!«, flüsterte Balthasar. Er konnte es nun wirklich nicht mehr erwarten.

Caspar trat aber nicht ab. Er schien gar nicht zu wollen. Melchior zupfte ihn am Umhang. Da drehte sich Caspar um. Seine Augen waren groß und glänzten, als hätte er Fieber. Sein Gesicht wirkte ernst wie immer, aber es war, als läge ein Tuch darüber, ein Tuch aus lauter Wundern. Er sagte nichts und trat zurück.

Balthasar beeilte sich, endlich sein Auge am Fernrohr zurechtzurücken.

Was er sah, haute ihn augenblicklich um. Er taumelte und fiel zu Boden. Wie betäubt rappelte er sich wieder auf, hielt sich am Fernrohr fest, bis er das Gleichgewicht wiedergefunden hatte, und guckte erneut hinauf zum Himmel.

Was er sah, war ein Stern. Natürlich, was sonst, ein Stachelschwein wird es nicht gewesen sein, auch kein siebenköpfiger Drachen. Ein Stern. Aber es war eben kein gewöhnlicher Stern mit Zacken! Es war ein Riesenstern, tief drinnen im Firmament, hinter Abertausend Milchstraßen und Mondnebeln verborgen, sodass ein Mensch ihn ohne Fernrohr noch nicht erblicken konnte. Noch nicht! Er würde aber hervortreten, das war deutlich zu sehen, denn er war in voller Fahrt, er hatte etwas vor, er bewegte sich, er wollte irgendwohin. Der Riesenstern hatte einen langen Schweif. ›Ein Komet also‹, dachte Balthasar zitternd, ›ein ganz und gar neuer Komet von einer unsagbaren Leuchtkraft.‹

»Herrlich!«, flüsterte er und drehte sich zu seinen Freunden um.

»Es ist der Stern, von dem in den weisen Büchern die Rede ist«, sagte Melchior. »Er kündet die Geburt des größten Königs aller Zeiten an.«

»Dann müssen wir ihm folgen«, sagte Balthasar.

Dass Caspar nickte, zeigte nur, wie sehr auch er erschüttert war. Seine ganze alte Bequemlichkeit schien von ihm abgefallen zu sein. Ja, er hatte es geradezu eilig, nach Hause zu reiten und seine Sachen zu packen.

»Wir nehmen die Kamele!«, konnte ihm Melchior noch gerade so hinterherrufen. »Unsere Reise geht sicherlich auch durch die Wüste!«

Als Balthasar in seinem Palast die Kamel-Satteltaschen packte – Trinkflaschen, Wasserpfeife, Trockenfleisch nicht zu vergessen –, pfiff er vor Aufregung vor sich hin. Das hörte sein Diener Batschi, der aufstand und nachschaute, wer denn da mitten in der Nacht Lieder pfiff.

»Du, König?«, sagte er erstaunt. »Warum schläfst du nicht? Soll ich dir helfen?«

»Ich geh auf Reisen, Batschi!«, frohlockte Balthasar. »Sag den anderen, dass ich dann und dann wiederkomme.«

»Selbstverständlich!«, antwortete Batschi.

»Wir werden den neugeborenen König finden!«, verriet Balthasar.

Damit konnte Batschi zwar nicht viel anfangen, aber er verbeugte sich trotzdem und winkte seinem König nach, der in großen Sprüngen hinauslief.

Balthasar sattelte Honolulu, sein Lieblingskamel, und als er dann zum Treffpunkt am alten Brunnen draußen vor der Stadt ritt, kam er sich vor wie damals als Junge, als er fortgelaufen war. Nur würde er sich jetzt nicht in einem Heringsfass verstecken. Nein, jetzt würde er einem Stern folgen – wenn es sein musste, bis ans Ende der Welt. Es war genau das, was er liebte: ein großes Abenteuer!

Als sie alle drei zusammen waren, ging es los. Sie ritten bis zum Morgen, dann machten sie eine Pause und dann ritten sie weiter. So ging es viele Tage lang, viele Wochen lang, immer weiter. Der Stern war nachts inzwischen sogar ohne Fernrohr gut zu sehen. Er zog mit seinem Schweif vor ihnen her, und wenn Wolken den Himmel bedeckten, durchglühte sein Licht diese so stark, dass sie heller waren als der Mond.

Die drei Könige kamen schließlich in ein fremdes Land und erfuhren von den Leuten, dass hier Herodes regierte, ein König, von dem die Leute nur mit gesenktem Blick sprachen.

»Eigenartig«, sagte Balthasar zu seinen Freunden, »was muss das für ein König sein, der die Augen seines Volkes auf den Boden richtet anstatt auf den Himmel?«

»Wir sollten ihm einen Besuch abstatten«, meinte Melchior. »Schließlich sind wir auch Könige.«

Das taten sie. Herodes trank eine Flasche Wein mit ihnen und prahlte mit seinen goldenen Ringen und seinen Windhunden, die um ihn herumscharwenzelten.

»Und was habt ihr hier in meinem Lande vor?«, fragte er, während er einen Zahnstocher zerbiss.

»Wir sind einem Stern gefolgt. Er bringt uns zu einem neugeborenen König«, antwortete Caspar artig.

Herodes blinzelte. »Soso«, murmelte er, »feinfein. Ist ja entzückend. Ich fordere eine Nachricht, sobald ihr ihn gefunden habt. Den will ich sehen!«

Das schien ein Befehl zu sein. Die drei Könige waren es nicht gerade gewohnt, Befehle zu erhalten. Sie warfen einander Blicke zu und verabschiedeten sich rasch.

Zwei Tage später blieb der Stern über Betlehem stehen, einem kleinen Dorf in Galiläa. Balthasar schlug das Herz bis zum Halse. Jetzt waren sie am Ziel! Gleich würden sie den neuen König finden!

Sie stiegen ab und führten ihre Kamele die Dorfstraße entlang. Die Gasthäuser waren alle rappelvoll. Lärm drang hervor, die Leute grölten, Musik spielte.

»Vielleicht feiern sie alle die Geburt des neuen Königs«, überlegte Melchior.

Caspar fragte eine Magd, die mit einem großen Kohlkopf unter dem Arm aus einem Haus trat:«Weißt du was von einem neugeborenen König?«

Die Magd lachte. »Also, hier in Betlehem lebt jedenfalls keiner!«, sagte sie.

»Da!«, rief Balthasar und zeigte auf einen alten Stall am Ende der Straße. »Der Schweif weist genau auf den Stall!«

Die Könige ließen ihre Kamele davor stehen und drückten vorsichtig die Stalltür auf.

Was sie dort fanden, war die Armut einer Familie im Stroh. Vater, Mutter und Kind. Das lag in einer Krippe, in Windeln gewickelt. Neugeboren sah es aus, aber wie ein König nicht.

›Im Gegenteil‹, dachte Balthasar bei sich, ›eher wie ein ganz normaler Mensch.‹

Aber da erinnerte er sich daran, was er damals als Junge im Heringsfass gelernt hatte: dass sie alle gleich waren, die Könige und die anderen Menschen, dass es eigentlich keinen Unterschied gab. Und im selben Augenblick erkannte er: Das Kind war der König, der größte aller Zeiten, ja, der Kleine war es tatsächlich.

»Er ist es«, flüsterte er seinen Freunden zu. Und sie fielen auf die Knie und beteten ihn an.

(nach Matthäus 2, 1–12)

Der Dreikönigstag

Der 6. Januar ist als Dreikönigstag bekannt und bildet den Abschluss der Weihnachtszeit. Wir erinnern uns damit an die drei Könige aus dem Morgenland, die einen weiten Weg auf sich nahmen, um einem fremden Stern zu folgen, der sie schließlich nach Betlehem an die Krippe führte. Dort fanden sie das Jesuskind und knieten nieder, beteten ihn an und brachten ihm Gold, Weihrauch und Myrrhe. So wird es im Matthäusevangelium erzählt. Die Heiligen Drei Könige, wie sie auch genannt werden, waren die ersten Heiden, die erkannten, dass Gott selbst in diesem Kind auf unsere Erde gekommen war.

Erst im 6. Jahrhundert gab man den Königen die Namen Caspar, Melchior und Balthasar, unter denen sie dann seit dem 9. Jahrhundert allgemein bekannt sind. Und seither feiert man auch den Dreikönigstag.

In der frühen Christenheit beging man am 6. Januar das Fest der Epiphanie. Das ist Lateinisch und bedeutet »Erscheinung«. Mit diesem Fest erinnerten sich die Christen daran, dass Gott in Jesus Christus Mensch geworden und auf diese Weise unter uns Menschen in Erscheinung getreten ist. Das Fest der Epiphanie war also eine erste Form von Weihnachten. Später aber wurde der Tag immer mehr zum Dreikönigstag, vor allem nachdem man im Jahre 1164 die Gebeine der Heiligen Drei Könige von Mailand nach Köln gebracht hatte. Bei den katholischen Christen ist der Dreikönigstag wichtiger als bei den evangelischen, die den Tag heute noch »Epiphanias« nennen.

184

Die Sternsinger

In katholischen Gemeinden und Gegenden gibt es am 6. Januar einen schönen Brauch: Kinder oder Jugendliche verkleiden sich als Könige mit glänzenden langen Gewändern und tragen einen großen Stern an einem Stab bei sich: Sie sind die Sternsinger und ziehen stundenlang von Haus zu Haus, dabei singen sie Lieder von der Geburt Jesu. Anschließend können die Hausbewohner dann Geld in die Spendenbüchse tun. Wer gespendet hat, wird gesegnet: Früher besprengten die Sternsinger die Haustüren und Ställe mit Weihwasser, heute wird ein Segenszeichen an die Haustür gemacht. Dann schreiben sie mit Kreide die Anfangsbuchstaben ihrer Namen über die Tür: C + M + B mitsamt der aktuellen Jahreszahl. Diese Buchstaben weisen aber nicht nur auf ihre Namen hin, sondern sind auch ein Kürzel für eine bestimmte Segensformel: »Christus Mansionem Benedicat« lautet sie. Das ist auch wieder Lateinisch und heißt auf Deutsch: »Christus segne dieses Haus«.

Heute kommt der Dreikönigstag meistens sogar im Fernsehen: Einige Sternsinger werden zusammen mit dem Bundespräsidenten gezeigt, um auf das Hilfsprojekt aufmerksam zu machen, das mit den Spenden der Sternsinger unterstützt wird. Kinder in anderen, ärmeren Ländern sollen mit dem Spendengeld bessere Lebensmöglichkeiten bekommen, in die Schule gehen und regelmäßig essen können.

Wir kommen daher aus dem Morgenland

Text: Maria Ferschl
Melodie: Heinrich Rohr

Wir kom-men da-her aus dem Mor-gen-land, wir kom-men, ge-führt von Got-tes Hand. Wir wün-schen euch ein fröh-li-ches Jahr: Cas-par, Mel-chior und Bal-tha-sar.

Es führt uns der Stern zur Krippe hin.
Wir grüßen dich, Jesus, mit frommem Sinn.
Wir bringen dir uns're Gaben dar:
Weihrauch, Myrrhe und Gold fürwahr!

Wir bitten dich: Segne nun dieses Haus
und alle, die gehen da ein und aus!
Verleihe ihnen zu dieser Zeit
Frohsinn, Frieden und Einigkeit!

Wir tun die geweihte Kreide herfür,
nun lasst uns schreiben an eure Tür.
So wünschen wir euch ein gesegnetes Jahr:
Caspar, Melchior und Balthasar.

7. JANUAR

Das Weihnachtsfest in Russland

In Russland wird erst am 7. Januar Weihnachten gefeiert. Das liegt daran, dass die russisch-orthodoxe Kirche nicht nach dem heute üblichen gregorianischen Kalender lebt, sondern nach dem julianischen. Bei diesem ist die Zeitrechnung um 13 Tage versetzt zu unserer.

Bevor sie das Fest feiern, haben die russischen Gläubigen erst eine lange Fastenzeit durchzustehen. Vierzig Tage lang essen sie nur das Allernötigste, bis zum 6. Januar. An diesem Tag nehmen die ganz streng Gläubigen dann gar nichts mehr zu sich. Wenn der erste Stern aufgeht am Heiligen Abend, ist die Geburtsstunde des Erlösers da: Und jetzt dürfen sie eine Art breiigen Saft trinken. Der Tag wird aus diesem Grund auch »Safttag« genannt.

Der feierliche Weihnachtsgottesdienst beginnt am 6. Januar um 22 Uhr und dauert stundenlang. Es wird sehr viel gesungen in der nur von vielen Kerzen erleuchteten Kirche.

Am Morgen des 7. Januars tauschen die Gläubigen Glückwünsche aus zum großen Feiertag der Geburt des Herrn. Das Fasten ist nun beendet und es gibt gebratene Gans mit Äpfeln, Hase in Rahmsoße oder Fisch in Sülze. Die Kinder gehen von Haus zu Haus mit einer kleinen Krippe und dem Stern der Weisen. Sie singen Lieder und bekommen von den Menschen Geschenke.

2. FEBRUAR

Mariä Lichtmess – Die Darbringung des Jesuskindes im Tempel

In Israel war es zur Zeit Jesu üblich, dass Eltern ihren ersten Sohn 40 Tage nach seiner Geburt in den Tempel brachten, um ihn Gott zu weihen. Auch Maria und Josef taten das. Wie uns im Lukasevangelium – im Kapitel 2 – erzählt wird, begegneten sie dabei dem alten Simeon und der Prophetin Hanna, die beide in Jesus den lang ersehnten Retter der Welt erkannten.

Die katholische Kirche feiert dieses Fest am 2. Februar, also 40 Tage nach dem Weihnachtsfest. Schon sehr früh wurden an diesem Tag feierliche Lichterprozessionen begangen, zur Erinnerung an die Worte des Simeon: »Allen Völkern sendest du dein Licht.« Seit dem 10. Jahrhundert gehörte die Kerzenweihe dazu: Alle Kerzen für das neue Jahr werden gesegnet. Dadurch kam für das Fest der Name »Mariä Lichtmess« auf, weil gleichzeitig der Reinigung Mariens gedacht wird. Es war in der katholischen Kirche seit dem Mittelalter eines der großen Marienfeste und wurde erst 1969 zum »Fest der Darstellung des Herrn«.

Mit diesem Tag endet nicht nur die biblische Weihnachtsgeschichte, sondern auch die Weihnachtszeit.

Das Weihnachtsbäumlein

Es war einmal ein Tännelein
mit braunen Kuchenherzelein
und Glitzergold und Äpflein fein
und vielen bunten Kerzelein:
Das war am Weihnachtsfest so grün,
als fing es eben an zu blühn.

Doch nach nicht gar zu langer Zeit,
da stands im Garten unten,
und seine ganze Herrlichkeit
war, ach, dahingeschwunden.
Die grünen Nadeln warn verdorrt,
die Herzlein und die Kerzlein fort.

Bis eines Tags der Gärtner kam,
den fror zu Haus im Dunkeln,
und es in seinen Ofen nahm –
hei! tats da sprühn und funkeln!
Und flammte jubelnd himmelwärts
in hundert Flämmlein an Gottes Herz.

Christian Morgenstern

Von Omas Trick und Christbaums Ende

Oma war immer der Meinung, wir sollten den Baum am 7. Januar abbauen, weil er schon so viele Nadeln verloren hatte.

»Man kriegt die Nadeln ja gar nicht mehr aus dem Teppich raus!«, klagte sie. Aber wir schrien: »Nein! Noch nicht! Er ist doch noch so schön!« Und wir zündeten jeden Abend zum Abendessen die Kerzen an und sangen »Vom Himmel hoch« oder »Ihr Kinderlein kommet«. Weihnachten sollte so lange wie möglich dableiben, denn es war doch bis zum nächsten Weihnachten wieder so schrecklich lange hin!

»Also gut, Kinder, wir ziehen ein Los darüber«, schlug Oma schließlich vor. Jeder sollte auf einen kleinen Zettel schreiben, wann der Weihnachtsbaum abgebaut werden sollte. Die Zettel wurden gefaltet und in eine Schale gelegt.

»Und wer darf das Los ziehen?«, fragte ich.

»Mia!«, rief Mia, die neugierig zuguckte, was wir da taten.

Damit waren wir einverstanden. Sie nahm ein Los und brauchte dann ewig lange, bis sie es mit ihren kleinen Händen aufgefaltet hatte. Oma nahm den Zettel, las ihn und schlug die Hand vor den Mund. »Oh Grundgütiger!«, murmelte sie nur. »Einen Tag nach meinem Geburtstag, steht hier«, las sie vor.

Lorenz jubelte, als hätte er den Superpreis gewonnen.

Natürlich war er es, der das geschrieben hatte. Denn Lorenz hatte als Nächstes Geburtstag. Aber »als Nächstes«, das war trotzdem noch ziemlich lange hin: am 5. Februar! Der Baum würde nun also bis zum 6. Februar im Wohnzimmer stehen!

Ich musste grinsen. »Tja, Oma«, sagte ich, »das mit dem Losen war wohl doch keine so gute Idee!«

Oma seufzte. »Ich war überzeugt davon, dass Mia mein Los ziehen würde. Ich bin doch sonst immer so eine glückliche Losgewinnerin!«

»Macht nix, Oma«, meinte Lorenz, »ich helfe dir am 6. Februar dafür umso mehr beim Abbauen, okay?«

»Das will ich auch hoffen!«, sagte Oma und seufzte.

Der Baum blieb also stehen. Er sah noch eine ganz Weile sehr schön aus in seinem grünen Nadelkleid mit dem bunten Schmuckbehang. Aber bald war da kein Nadelkleid mehr, sondern eher ein Nadelkissen. Und wir zündeten schließlich lieber keine Kerzen mehr an, weil er so trocken und feuergefährlich aussah. Er stand da und trocknete vor sich hin und nadelte. Er nadelte und nadelte. Und bald reichte es schon, dass einer nur an ihm vorbeiging, und es regnete schon hundert Nadeln. Elfi machte einen weiten Bogen um ihn, weil schon viele Nadeln in ihren Pfoten stecken geblieben waren.

»Jetzt ist er gar kein Weihnachtsbaum mehr, sondern nur noch ein Gerippe«, sagte ich eines Abends. Und es war immer noch Januar.

Aber Lorenz blieb dabei: Er wollte an seinem Geburtstag den Baum stehen haben. »Dann hänge ich lauter Süßigkeiten an den Baum für meine Freunde!«

Oma schaute ihn griesgrämig an. »So eine Schnapsidee!«, murmelte sie und schüttelte den Kopf. »Meine Oma hätte mir das nie erlaubt!«

Oma hat eine sehr strenge Oma gehabt. Sie erzählte oft von ihr und den Strafen, die sie an ihre Enkelkinder verteilt hatte. Oma hatte einmal als kleines Mädchen zwei Stunden auf einem Stuhl in der Speisekammer sitzen müssen, weil sie eine Blumenvase umgeschmissen hatte. Wie gut, dass unsere Oma so lieb war!

Aber irgendwie ging ihr diese Sache mit dem 6. Februar doch zu weit. Sie wurde allmählich sauer darauf, dass Papa nichts sagte und dass es Mama egal war, wann der Baum wegkam.

»Ihr seid viel zu nachgiebig mit euren Kindern!«, klagte sie.

Eines Tages kamen Lorenz und ich von der Schule nach Hause. Wir gingen ins Wohnzimmer und wollten Monopoly spielen. Kaum hatten wir die Tür geöffnet, blieben wir wie angewurzelt stehen.

»Was riecht denn hier so?«, wunderte ich mich. Es roch nach Lavendel, und zwar sehr. Zu sehr, um ehrlich zu sein.

Lorenz verzog angeekelt sein Gesicht. Er hasste Lavendelgeruch. Oma hatte mal ein kleines Fläschchen mit Lavendelöl. Sie hatte sich bei Kopfweh manchmal ein paar Tropfen davon an die Stirn gestrichen. Aber Lorenz hatte den Geruch überhaupt nicht vertragen können. »Mir wird schlecht, Oma, uuh, wie übel du riechst!«, hatte er gerufen. Und da hatte Oma das nicht mehr getan.

»Der Baum riecht ja total nach Lavendel«, sagte er und hielt sich die Nase zu. »Das war bestimmt Oma! Oma hat den Baum mit dem Öl eingeschmiert. Igittigitt!« Und Lorenz rannte raus.

Da kam Oma aus der Küche. Sie lachte Tränen. Sie musste ihre Brille abnehmen, weil die Gläser von den Tränen so beschlagen waren. »Lorenz, ich fürchte, du musst den Weihnachtsbaum mit diesem Geruch noch eine Weile ertragen!«, sagte sie mit kullernder Stimme. »Der 6. Februar ist noch lange hin!«

Ich musste jetzt auch sehr lachen, als ich sah, wie begeistert Oma war über ihren gelungenen Einfall. Denn dass er gelungen war, das sah man deutlich an Lorenz' Gesicht.

Niemals würde er diesen Geruch ertragen! Und schon gar nicht an seinem eigenen Geburtstag!

Lorenz trampelte die Treppen hoch und rief: »Denkste, Oma! Ich geh einfach gar nicht mehr ins Wohnzimmer rein bis dahin!«

Oma schien das nicht sehr zu beeindrucken. Sie sang ein Liedchen und verschwand wieder in der Küche. Ich ging hinterher.

»Und was machst du jetzt?«, fragte ich. Es interessierte mich brennend.

»Nichts!« Sie lächelte sehr zufrieden und geheimnisvoll. »Gar nichts muss ich machen. Der Fernseher steht im Wohnzimmer. Und ab heute läuft jeden Abend ein Teil von Pinocchio. Das ist Lorenz' Lieblingsfilm.«

Da war ich baff. Oma hatte sich wirklich genau überlegt, wie sie gewinnen konnte! Lorenz würde jeden Abend im Wohnzimmer sitzen wollen. Und Pinocchio sehen – das hieß: Lavendel riechen!

Beim Mittagessen saß Lorenz am Tisch in der Küche und tat so, als sei nichts geschehen. Oma würdigte er allerdings keines Blickes.

»Lina«, sagte Oma schließlich, »wann kommt heute Abend noch der Pinocchio? Ich glaube, den gucke ich mir auch mal wieder an.«

»Du hast recht«, sagte ich, »er kommt jetzt jeden Abend um 17 Uhr. Ich freu mich schon drauf. Hm, und der Baum riecht dabei so gut nach Lavendel!« Ich kicherte.

Lorenz haute mit dem Joghurtlöffel auf den Tisch.

»Den Baum räume ich jetzt sofort ab. Der kommt weg«, sagte er und grinste von einem Ohr zum andern. »Für Pinocchio tu ich doch alles!«

»Jaaa!«, jubelte Oma und warf ihre Hände in die Höhe. »Ich habe gewonnen!« Sie hatte ganz rote Bäckchen vor Freude über ihren Sieg.

»Nee, du nicht, Oma«, sagte Lorenz. »Pinocchio und ich.« Und er zeigte ihr eine lange Nase.

Wir hatten plötzlich alle gute Laune und machten uns gemeinsam daran, den Baumschmuck abzuräumen und den Baum in den Garten zu schleifen. Er zog nur noch eine dünne Spur von Nadeln hinter sich her.

194

Das Wohnzimmer sah ganz kahl aus ohne ihn. Mia und ich saugten den Teppich. Jetzt war Weihnachten wirklich vorbei.

Aber als Mama abends eine kleine Honigkerze auf dem Fensterbrett anzündete, da wusste ich: Das Licht vom Heiligen Abend brennt noch immer.

Wo findest du was?

Basteln

Das ganze Buch von A – Z

QUELLENVERZEICHNIS

S.88: Wär er doch in unsrem Land geboren: Albrecht Goes, *Die fröhliche Christtagslitanei*, Christian Kaiser Verlag, München 1949, © Erbengemeinschaft Albrecht Goes c/o Rose Keßler, Konradstr. 7, 80801 München

S.118: Weihnacht: © Josef Guggenmos Erben

S.118: Josef, lieber Josef mein: hochdeutsche Textfassung: Hilger Schallehn, © 1982, SCHOTT MUSIC GmbH & Co. KG, Mainz

S.160: Von guten Mächten treu und still umgeben: Dietrich Bonhoeffer, *Widerstand und Ergebung*, © by Gütersloher Verlagshaus, Gütersloh, in der Verlagsgruppe Random House GmbH, München

S.164: Was denken in der Neujahrsnacht die Kater und die Katzen?: James Krüss, *James Tierleben* © Carlsen Verlag GmbH, Hamburg 2003

S.175: Stern über Betlehem, Text und Melodie: Alfred Hans Zoller, © by Gustav Bosse Verlag, Kassel

S.186: Wir kommen daher aus dem Morgenland, Text: Maria Ferschl, Melodie: Heinrich Rohr, © Verlag Herder, Freiburg

Mit freundlicher Genehmigung der Verlage und Rechtsnachfolger

Jeschke, Tanja/Busch, Marlies:

Das große Familienbuch für die Weihnachtszeit

ISBN 978 3 522 30177 0

Texte: Tanja Jeschke

Bastelanleitungen und Rezepte: Marlies Busch

Gesamtausstattung: Barbara Korthues

Einbandtypografie: Michael Kimmerle

Satz: KCS GmbH, Buchholz

Schrift: Meridien

Reproduktion: Photolitho AG, Gossau/Zürich

Druck und Bindung: Himmer AG, Augsburg

© 2009 by Gabriel Verlag (Thienemann Verlag GmbH), Stuttgart/Wien.

Printed in Germany. Alle Rechte vorbehalten.

5 4 3 2 1°   09 10 11 12

www.gabriel-verlag.de

Fundgrube für die ganze Familie

Jule Sommersberg · Imke Sönnichsen
Das große Buch fürs ganze Jahr
Feste und Bräuche mit Kindern neu erleben
240 Seiten · ISBN 978 3 522 30151 0

Das ganze Jahr gibt es kleine und große Feste zu feiern und schöne Bräuche zu erleben. Aber wie sind sie eigentlich entstanden und wie kann man sie mit Kindern neu entdecken? Dieses Buch bietet eine Fülle an Ideen und Informationen für die ganze Familie.

· Bräuche und ihre Entstehung kindgerecht erklärt
· Mit Geschichten und Legenden
· Mit Bastelideen, Rezepten, Liedern und Spielen
· Mit Namenstagen und einem ausführlichen Register
· Mit vielen Illustrationen

www.gabriel-verlag.de

Ein Begleiter durchs Leben

Jule Sommersberg · Sabine Kraushaar
Feste deines Lebens
Geschichten, Lieder und Rituale für die ganze Familie
272 Seiten · ISBN 978 3 522 30122 0

Was bedeutet eigentlich Taufe?
Wie kann man Geburtstage gestalten?
Was passiert bei der Einschulung?

Gemeinsam zu feiern ist schön! Und was alles gefeiert werden kann: die Taufe eines Geschwisterchens, die Hochzeit der Tante, der erste Tag im Kindergarten oder jedes Jahr wieder Ostern und Weihnachten.

Dieses Buch bietet eine Fülle an neuen und bekannten Geschichten, Liedern, Anregungen und Informationen zu den wichtigsten Festen und Anlässen im Laufe eines Lebens.

Ein wertvoller Begleiter für Kinder und ihre Eltern, um Traditionen neu zu entdecken.

www.gabriel-verlag.de